KB129437

어쩌면, 사회주택

어쩌면, 사회주택

당신의 주거권은 안녕하십니까?

최경호 지음

자음과모음

차
례

1

익숙하고도 낯선 주거 이야기

2

사회주택, 깊고 넓게 알아보기

3

우리 곁의 사회주택

4

사회주택과 함께하는 미래

일러두기

※ 사생활 보호를 위해 조직 대표와 임원을 제외한 직원이나 입주민 등 인터뷰이의 이름은
   가명으로 처리하였습니다.

프롤로그
: 내가 가지고 싶은 것은 정말 '집'일까?

우리는 그동안 많은 집을 지었습니다. 지난 몇십 년간 이루어진 경제발전 과정에서 사람들이 도시에 몰렸고 핵가족화를 거치며 주택 수요가 늘어났죠. 이에 발맞춰 40년간 천만 호가 넘는 주택을 지어 주택보급률 100%를 넘기고 절대적인 집 부족 문제를 해결한 것은 분명 세계사적으로도 유례없는 성취입니다.

그런데 1970년대와 지금을 비교해보면 집을 소유하지 못한 사람은 오히려 늘어났습니다. 집은 많아졌는데, 집 문제로 겪는 고통은 해결되지 않은 것 같습니다.

이른바 복지국가라고 불리는 나라들을 봅시다. 그 나라들의 자가거주율은 대략 55~60%로 우리와 비슷합니다. '내 집'에서 사는 사람들의 비중이 커서 복지국가가 되는 게 아닌 것이죠. 관건은 인구의 40%가 넘는 세입자들이 얼마나 마음 편히 사느냐인 것입니다.

집은 원래 무척 비싼 물건입니다. 투기나 거품이 없어도 마찬가지죠. 꼬박꼬박 돈을 모아 집을 사는 데 20년이 걸렸다면, 반값이 된다 한들 여전히 10년이 걸립니다. 대단히 운이 좋은 경우가 아니라면 대부분의 사람들은 인생의 상당 기간 동안 꼼짝없이 집을 빌려야 합니다. 대출을 받아 집을 사는 방법도 있지만, 안정된 직장이 없는 사람들에게는 은행의 문턱이 높습니다. 유연화된 노동의 시대에 대출을 기반으로 한 자가 마련을 주거정책의 기본 철학으로 삼기에는, 소외되는 이들이 너무 많습니다.

또한 빚을 내서 집을 사라고 하는 것은 그 자체로 위험하기도 합니다. 소화 못할 떡을 안겨주었다가 모두가 탈이 났던 것이 2007~2008년의 미국발 금융위기였고, 2010년대 중반에는 한국에서도 하우스푸어 문제가 불거졌습니다. 2022년부터는 금리인상에 이은 부동산 경기 하락으로 많은 이들이 고통받았습니다. 현재에도 소위 '영끌'한 사람들은 빚 갚느라 허덕이고, 임대부문에서는 전세 보증금 피해 문제가 심각합니다.

주거 걱정 없이 잘 살기 위해서는 어떻게 해야 할까요?
우리가 살아야 할 집을 만들려면 누군가가 위험을 감수하며 돈을 융통하고, 고생해서 땅을 구해 건물을 지어야 합니다. 또 누군가는 이 집들을 사줘야 하죠. 그런데 우리에게 그만큼의 예산이 없다면, 누가 그 돈을 댈 수 있을까요?

그동안은 자금의 여유가 있거나 기존의 집을 담보로 돈을 빌릴 수 있는 다주택자들이 건설회사로부터 집을 사주었습니다. 다주택자들이 이런 역할을 해주어야, 집을 살 목돈이 없는 이들도 세입자로나마 당장의 거처를 마련할 수 있었습니다. 그렇지 않으면 살고자 하는 동네에 땅을 알아보고, 건축사에게 설계를 맡기고, 시공사를 선정해 내가 살 집을 짓는 시간과 비용을 다 치루고 난 뒤에야 그곳에 몸을 들일 수 있을 것입니다.

이때 세입자의 전세보증금은 다주택자들의 요긴한 투자 재원이 되기도 했고, 월세 수입은 지속 가능한 임대 사업의 요체가 되어주었습니다. 그러니 임대인과 임차인은 서로 고마워해야 할 사이 같기도 합니다. 하지만 수요와 공급의 균형을 시장에게만 맡기기 어려운 것이 주택이라는 재화의 특징이다 보니, 주택을 둘러싼 서로의 아쉬움과 원성이 커져갔습니다. 국가가 짓고 빌려주는 공공주택이 등장하게 된 배경입니다.

보통의 민간임대주택에서는 세입자가 부담 가능한 임대료로 원하는 기간만큼 살면서 돈을 모으기가 쉽지 않습니다. 세입자는 재계약 시 자칫 가격이 폭등하는 시기와 맞물려 보증금이 오를까 봐, 또는 이사를 가야 하는데 보증금을 제때 돌려주지 않을까 봐 불안할 때가 많죠.

그러나 공공임대주택은 그렇지 않습니다. '임대로 사는 동안 마음 편히 살도록 하는 것'이 공공임대주택의 역할입니다. '평생 월세에서 살라'는 것이 아니라, 공공임대주택에 사는 동안 낮은 주거비를 부담해 세입자의 자산 축적을 돕고, 마침내 내 집 마련을 할 수 있도록 하는 주택입니다. 그러니 공공임대의 경쟁 상대를 굳이 찾으라면, (많이들 오해하시는) '자가'가 아닌, 민간임대일 것입니다.

공공주택(공공임대+공공분양)에도 개선할 점은 분명 있습니다. 공기업의 독점 공급에 따른 문제, 공급자와 운영자가 불일치해서 생기는 문제 등이 대표적입니다. 수요가 없는 곳임에도 일단 짓기만 하는 경우에는 총량적인 건설 목표는 달성했을지라도 사람들에게 외면받게 됩니다. 민간 시공사가 지은 주택을 매입하는 공공주택의 경우도, 공급자와 운영자가 다르다 보니 품질관리가 어렵고 운영 취지를 살리기도 쉽지 않습니다. 손실이 발생해도 회사가 망하지 않으니, 하자에 대한 민원을 제기할 입주자 없이 방치되는 경우도 있습니다. 이렇게 공공주택의 공실률이 높아지면 소중한 공공 재원이 낭비되죠.

다주택자들의 민간임대, 정부의 공공임대 이외의 방법도 있습니다. 지역의 사정과 입주자의 형편을 잘 아는 협동조합, 사회적기업과 같은 사회적 경제조직이 나서는 방식이 그렇습니다. 유럽 등지에서는 이를 '소셜 하우징Social Housing' 즉, '사회주택'이라고 부릅니다. 시장도 아니고 공공도 아닌 영역에서, 부담 가능한 주거비로 사람들이 오랜 기간 마음 편히 살 수 있도록 하는 주택이죠.

이런 사회주택이 우리나라에 등장한 지도 벌써 8년이 지났습니다. 2024년 현재, 사회주택 공급자들이 모인 조직인 한국사회주택협회에 가입한 회원 조직들은 80여 개가 넘고, 사회주택의 물량은 약 7천 호가 되었습니다.

한국의 사회주택은 걸음마를 막 내딛으려는 시점에서 급격한 변화를 마주하고 있습니다. 제도를 정비하는 과정에서 정책 환경이 바뀌어 어려움에 직면했죠. 더 이상 공공이 토지를 매입하지 않아 사업에 진척이 없기도 합니다. 하지만 내외적 도전을 극복하고 사회주택을 우리의 집 걱정을 해결할 대안으로 발전시키고자, 많은 이들이 포기하지 않고 노력하고 있습니다.

우리는 왜 집을 가지려고 할까요? 집을 구성하는 벽돌과 콘크리트를 소유하고 싶어서일까요? 그렇지 않습니다. 원한다면 한 집에서 계속 살 수 있는 주거 안정을 위해, 자산을 축적하여 노후를 대비하거나 자신과 가족을 돌보기 위해서입니다.

이런 가치들은 사회주택을 통해 충분히 실현할 수 있습니다. 현대사회에서는 모든 이가 독립과 동시에 콘크리트를 '소유'할 수도, 그럴 필요도 없습니다. 그럼에도 안정된 주거 공간과 그곳에서 미래를 준비하고 돌봄을 주고받을 수 있다는 믿음을 '보유'할 수는 있어야 합니다. 사회주택의 역할이 꼭 필요한 이유입니다.

물론 사회주택이 우리나라 부동산의 모든 문제를 단번에 해결할 만병통치약은 아니겠지요. 어쩌면 아직은 '난장이'들이 모여 '작은 공' 몇 개를 쏘아 올린 것일지도 모릅니다.

하지만 대출금 상환에 허덕이거나, 치솟는 전월세값 때문에 원치 않는 이사를 다니거나, 보증금을 잃을까 노심초사하는 상황을 계속 감내하기보다 우리 곁의 난장이들과 한번 힘을 합쳐보면 어떨까요?

1장

익숙하고도 낯선 주거 이야기

우공이산愚公移山

어리석은 이가 산을 옮긴다는 뜻으로,
어떤 일이든 끊임없이 노력하면
반드시 이루어짐을 이르는 말.

1
주거 사다리,
오를 수 있을까?

주거 사다리가 끊어졌다?

'주거 사다리'[1]라는 단어의 쓰임은 조금씩 변해왔다. 초반에는 대체로 물리적 차원의 의미였다. 말 그대로 수직적 상승 즉, 반지하와 같은 열악한 주거 환경에서 벗어나 좀 더 나은 지상으로 집을 옮기는 과정을 주로 일컬었다. 2010년대 중반을 지나면서 점차 사회적 차원의 점유 형태 변화 즉, '월세→전세→자가'로 옮겨가는 과정을 언급할 때 주로 쓰이고 있다.

주거 사다리에 대한 생생한 증언은 많다. 보증금 없는 월세 단칸방에서 보증금 150만 원짜리 부엌 없는 월세 단칸방으로, 거기에서 부엌 딸린 전세 단칸방과 소형 아파트를 거쳐 지금은 중형 아파트에 살고 있다[2]는 고백이 대표적이다. 이처럼 점차 더 나은 곳으로 집을 옮기며 내 집 마련을 하고자 하는 건 많은 이의 바람이다. 이 과정을 주거 사다리를 오르는 것으로 본다면, 그 중간에 있는 전세는 사다리를 이루는 핵심 고리라고 할 수 있겠다.

한편, 주거 사다리가 끊어졌다는 말도 들려온다. 집값이 너무 비싸져서 또는 전세가 줄어들어서 그렇다는 것이다. 특히 전세가 줄어든 것은 2020년의 주택임대차보호법 개정의 부작용 때문이라고들 한다. 과연 그럴까?

전체 주택의 점유 형태에서 최대 30%에 가까운 비중을 차지했던 전세가 줄어들기 시작한 것은 1995년부터다. 주택임대차보호법을 개정하기 전인 2019년에는 이미 15.1%로 줄어서, 24년 전에 비해 반토막이 났다.

늘어난 분야는 어디일까? 자가거주율은 53.5%에서 58%로 큰

점유 형태	1995	2019	증감	시사점
자가	53.5%	58%	4.5%p 증가	다주택자도 증가
전세	29.7%	15.1%	14.6%p 감소	4.5%p 상향 이동?
				10.1%p 하향 이동?
월세	14.5%	23%	8.5%p 증가	1인 가구화와 관련?
기타	2.3%	3.9%	1.6%p 증가	

주거 점유 형태(자가, 전세, 월세, 기타)의 비중 변화

폭으로 늘지 않았지만 월세 거주율은 14.5%에서 23%로 늘었다. 전세에서 사다리를 타고 자가로 '올라간' 사람들(4.5%p)보다, 월세로 '미끄러져 내려온' 사람들(10.1%p)이 2배를 넘은 것이다. 그렇다면 전세는 사다리보다 '미끄럼틀' 아닌가?

물론 이 중에는 월세로 시작해 곧장 자가를 마련했거나, 집을 팔고 곧장 월세로 옮긴 경우도 있을 것이다. 24년의 세월 사이에 사망했거나 가족의 집을 물려받은 경우도 적지 않겠다. 따라서 최종 수치만 보고 전세를 미끄럼틀이라 판정하는 것은, 사다리라고 평가하는 것만큼 비약일 수 있다. 전세가 문제가 아니라 사람들의 소득이 집값만큼 오르지 않은 것이 원인이라고 생각할 수도 있을 테니 말이다. 그러나 전세 시스템 자체에 문제가 있다고 볼 근거는 다음과 같이 충분하다.

독특하고 신기한 제도, 전세

외국에서 찾아보기 힘든 한국의 전세 제도는 두 가지 성격이 중첩되어 있다. 하나는 A(대주)가 B(차주)에게 목돈을 빌려주는 금전대차, 즉 금융의 성격이다. 다른 하나는 A(이번엔 차주)가 B(임대인, 즉 대주)에게 주택을 빌리는 임대차의 성격이다. 외국의 유사사례는 인도의 '거비'와 볼리비아의 '안티크레티코'뿐이다. 그중에서도 인도는 금융, 볼리비아는 임대차의 성격이 좀 더 강하다고 하니,[3] 우리나라의 전세와 완전히 동일한 경우는 없다.

한국에 온 외국인들은 한국의 전세 제도를 의아하게 여길 때가 많다. 생각해보면, 전세는 짧은 기간의 주택 사용권을 대가로 상당한 액수의 목돈을 처음 보는 사람에게 덥석 맡기는 것이다. 과연 이상하게 여길 만하다. 외국은 대체로 보증금이 월세의 3배 안팎의 수준이라, 보증금을 돌려받지 못할 상황에 대한 공포가 덜하다. 한편, 주택 가격의 50~80%에 불과한 돈만 받고 임차인이 거주할 수 있게 해주면서, 세금은 본인이 내는 전세 임대인의 입장을 이해하기 어렵다는 반응도 있다. 하지만 한국에서는 임차인과 임대인 모두에게 월세보다 전세의 선호 비율이 높다. 왜 그럴까? 이러한 현상의 배경은 무엇일까?

전세의 탄생 기원은 명확하지 않다. 고려시대에 논밭을 담보로 돈을 빌리는 전당典當이 조선시대에 주택으로 옮겨오며 시작됐다는 이야기가 있지만, 금융에서 임대차로 무게중심이 옮겨 오게 된 과정은 확실하지 않다. 어쨌든 대한제국 시기 이전부터 있었던 전세는 격동의 현대사 속에서 경제성장과 도시화를 거치며 비중이 크게 늘어났다.

사람들은 우리나라에 전세가 자리 잡게 된 원인으로 '강제 저축 효과' '주택의 품질' '안정성' 그리고 '사회적 인식' 등을 이유로 꼽는다. 강제 저축 효과를 위해서는 전셋값을 올리는 집주인을 만나라는 격언이 있을 정도다. 주변 집값은 계속 상승하니, 평소에 절약해서 전세보증금을 올려놓으면 다음에 이사를 갈 때 돌려받을 돈으로 이사할 집값을 감당할 수 있다는 의미다. 사실 목돈에 대한 이자율과 월세를 비교해봐야 정확하겠지만, 전세는 매달 현금을 지출하는 월세보다 목돈을 저축해둔 기분이 드는 것도 사실이다.

주택의 품질도 대체로 월세보다 전세가 낫다. 번듯한 신축 주택은 대부분 월세가 아니라 전세이거나, 보증금의 비중이 높은 반전세. 이는 뒤에서 자세히 다룰 '공급자금융(의 미비함)'과 관련이 있는데, 공급자가 공사비로 쓴 대출금을 빨리 갚기 위해서는 세입자가 매달 조금씩 주는 월세보다 목돈을 빌려주는 전세가 큰 도움이 되기 때문이다.

월셋집은 대체로 낡고 오래된 집인 경우가 많다. 공급자 입장에서는 초기비용 회수의 부담을 어느 정도 벗어난 단계이기에 굳이 목돈이 필요 없을 수 있고, 수요자 입장에서도 열악한 상태의 집에 선뜻 목돈을 맡기고 싶지 않아 그런 것으로 추측된다.

안정성 측면은 어떨까? 전세는 임차인 입장에서 리스크다. 임대인이 보증금 미반환 가능성 때문이다. 반면 월세는 임대인 쪽에서 리스크를 진다. 임차인의 월세 미납이 걱정거리다. 그런데 세입자의 권리가 취약한 우리나라의 경우에 '조금만 밀려도 쫓겨날 수 있는 월세'는 임차인 입장에서도 불안 요인이다.

2007~2008년 세계 금융위기 때 한국이 경제위기를 어느 정도 비껴간 것은 전세 제도가 완충 작용을 해준 덕분이라는 의견도 있다. 세입자의 수입이 갑자기 없어져도 임대인과 임차인 양측에게 당장 별문제가 생기지 않았기 때문일 것이다. 예측하지 못한 경기 변동에 따른 임차인발 위기에 대응하기엔 전세가 월세보다 나았던 셈이다(그러나 최근의 전세 보증금 피해 사태에서 보듯, 임대인발 위기에는 매우 취약한 점이 드러나고 있다).

사실 임차인이 임대인에게 보증금을 돌려받지 못할 위험은 항상 잠복해 있었다. 임차인이 전입신고를 해도 다음 날 0시부터 확정일자의 대항력이 생기는 점을 악용하는 경우가 대표적이다. 임대인이 전세 계약 직후 대출을 받아 그 집에 저당권이 설정되면 세입자의 보증금이 후순위채권이 되는 경우가 왕왕 있었다.

임대인이 다음 세입자가 내는 돈을 받아서 주겠다며 새 임차인이 구해질 때까지 보증금 지급을 미루는 사례는 더 흔했다. 그러나 이는 일탈행위 또는 제도의 사각지대 정도로만 치부되었고, '주택 가격이 계속 오르는 한' 전세보증금 미반환 위험은 심각한 사회문제로 떠오르지 않았다.

전세가 월세보다 더 나은 주거 형태라는 사회적인식도 흔하게 볼 수 있다. 결혼을 하려면 전셋집 한 채 정도는 있어야 한다는 건 우리나라의 흔한 관념이다. 친지들이 월셋집이었다면 보태주지 않았을 돈을 전세보증금을 위해서는 지원해주기도 한다. 이는 경제적 합리성만으로는 설명하기 어려운 일종의 습속이라고 할 수 있다. 전세를 선호하는 배경에는 이렇게 여러 가지 경제적·사회적·문화적 요인들이 얽혀 있다.

전세는 누구에게 더 유리할까?

전세자금대출을 서민을 위한 제도로 간주하는 정책기조에 따라 낮은 이자율의 전세보증금 대출 상품이 많이 보급되었다. 앞서 말한 이유들에 더하여, 세입자 입장에서는 대출을 받아서라도 전세를 택하는 것이 월세보다 유리한 상황이 된 것이다.

그런데 이게 과연 전세 세입자를 위한 것이었을까, 아니면 다주택자들에게 유리한 것이었을까? 이자율보다 전월세 전환율이 높은 경우, 임대인 입장에서는 은행에 돈을 넣어놓고 이자를 받는 것 대신 월세로 받는 게 수익률이 더 좋은데 왜 전세로 목돈을 받고자 했을까?

임대인과 임차인 외에 1주택자로 자가를 마련하는 경우와 비교해보자. 주택담보대출비율 또는 담보인정비율이라고 부르는 LTV^Loan to Value Ratio 규제가 있다. LTV가 40%라고 하면 집값(담보가치)의 40%까지 대출을 해주는 식이다. 예를 들어, 5억 원짜리 집을 사려고 할 때 2억 원까지 빌려준다는 것이니, 자가를 구매하려는 실수요자는 자기 자본 3억 원을 가지고 있어야 한다.

만약 임대인이 전세를 끼고 갭투자로 집을 살 때는 어떨까? 최근의 깡통 전세는 전세보증금이 집값의 100%도 넘는 경우가 많지만, 대개 전세보증금은 집값의 50~80% 사이에서 형성되어 있으니 편의상 80%로 잡아보자. 그럼 5억 원짜리 집의 전세금이 4억 원이라는 이야기니, 다주택자 입장에서는 자기 자본 1억 원만 있으면 된다. 여기서부터 실수요자(1주택자)보다 투자자가 유리해진다.

그뿐이 아니다. 1주택자는 빌린 돈 2억 원에 대해 본인이 이자를 낸다. 그런데 임대인이 임차인에게 빌린 돈 4억 원은 무이자다. 임대인 즉, 다주택자는 실수요자에 비해 더 많은 돈을 동원할 수 있을 뿐만 아니라 이자도 내지 않는 것이다(이를 자신이 거주할 집이 이미 있는 경우의 이점이라고 볼 수 있다).

이런 상황에서 제도적으로 전세자금대출을 확대하면 어떤 효과가 나타날까? 전세금 대출의 경우 대개 보증금의 80%까지 빌려준다(신혼부부에게는 90%까지 빌려주기도 한다). 이때 전세금이 집값의 80% 정도고 그에 대해 80%를 대출해준다면, 결국 집값의 64%까지 투자자들을 위한 자금을 제도적으로 공급해주는 셈이다. 거기에 대한 이자는 임차인이 낸다. 임차인은 다주택자가 집을 살 돈을 16%에 대해서는 무이자로, 64%에 대해서는 본인이 이자를 내면서 빌려주는 것이다(이를 남의 집을 사용하는 조건으로 세입자가 지불해야 할

대가로 볼 수 있다).

다주택자는 남이 이자를 내주는 돈으로 자기 집을 산다. 1주택자는 자신이 사는 집에 들어가는 돈의 이자를 본인이 낸다. 세입자는 남이 집을 살 돈의 이자를 내준다. 정리하자면, 다주택자>1주택자>세입자 순으로 유리한 구조를 강화한다. 이러니 전세가 미끄럼틀이 된 것은 아닐까 싶다.

이런 상황에서 LTV 규제를 주택 구매자, 그것도 실수요자에게만 적용하고 세입자에게 전세자금대출을 확대하면, 누가 제일 유리하고 누가 제일 불리할까?

전세의 레버리지 효과$^{\text{Leverage Effect}}$에 '주택 증가(도시화)'까지 가세하면 문제는 더 증폭된다. 레버리지 효과는 유망한 투자처에 타인 자본을 빌려 지렛대(레버리지) 삼아 투자하여 더 높은 수익을 얻는다는 의미다. 예컨대 3억 원짜리 집이 내년에 4억 원이 되는 상황이라면, 수중에 1억 원밖에 없더라도 타인 자본 2억 원을 빌려 투자하는 것이 현명한 경제행위가 된다. 이른바 갭투자는 전세금을 타인 자본으로 삼고, 집값과의 차이(갭)만 들고 투자하는 경우다.

그렇게 집을 사고 난 다음에 이자율이 4%, 전월세전환율이 6%인 상황을 생각해보자. 임대인 입장에서는 은행에서 돈을 빌려서 임차인에게 전세금을 돌려주고 그 돈 만큼 전세를 월세로 전환하면, 6%-4%=2% 만큼 이익을 얻는다. 예컨대 1억 원을 은행에서 빌려 1년에 400만 원 이자를 내더라도, 월세로 1년에 600만 원이 들어오면 200만 원이 남는다. 따라서 일단 집을 마련한 임대인들 입장에선 월세가 더 매력적일 수 있다.

하지만 1억 원으로 6% 이상의 수익을 얻을 수 있는 투자처가 있다면 이야기는 달라진다. 주변에 집이 계속 지어지고 있거나(도시화) 집값이 계속 오를 것 같으면, 한가하게 세입자에게 1억 원을 돌려주고 연 200만 원을 더 버느니, 그 1억 원으로 집을 한 채라도 더 사두는 것이 유리하다. 이런 방식을 반복해서 갭투자를 계속 확대해나갈 수도 있다.

물론 대출금에 대한 이자와 각종 세금은 납부해야 한다. 그런데 이런 갭투자는 월세를 받지 않으니 매달 들어오는 돈은 없다. 임대인이 따로 벌어서 내거나 집값이 계속 오르고 집이 잘 팔릴 때는 집 한 채를 적당히 매각한 돈으로 세금과 이자를 내면 되었다.

하지만 금리가 오르고, 집값은 오르지 않고, 심지어 집이 잘 팔리지도 않으면 이런 갭투자는 연쇄 부도로 내몰리게 된다. 이는 우리나라에서 2022년 말부터 본격적으로 벌어진 전세보증금 피해 사태의 원인 중 하나다.

집값은 꾸준히 오르고 좋은 투자 대상이 계속 지어지던 시기에 세입자에게 받은 목돈을 착실하게 은행에 넣어 놓고 있던 임대인이나, 자금 여유가 있어서 보증금 비중을 줄이고 월세를 받아 생활비에 보태 썼던 임대인은 갭투자자들에 비해 비합리적인 경제행

위를 한 셈이었다. 그러나 이들은 금리가 오르거나 시세가 떨어져
도 큰 걱정이 없을, '지속 가능한 임대 사업'을 벌인 것과 같다.

이는 경제나 도시의 상황에 따라 임대인 입장에서도 전세의
매력이 달라질 수 있다는 이야기다. 예컨대 더 이상 주택이 늘어나
지 않아서 투자할 곳도 마땅치 않고, 은행에 예금해두려 해도 낮은
금리로 인해 이자수익도 얼마 되지 않는다면, 월세로 전환하는 것
이 제일 유리한 상황이 될 것이다. 실제로도 그랬다. 1960년대 이후
상황을 보자.

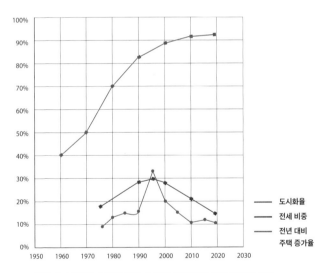

한국의 도시화율과 전세 비중 추이 및 전년 대비 주택 증가율 비교
(출처: 인구주택 총조사, 주거 실태 조사 및 e나라지표)

도시화율은 전체 인구 대비 도시에 거주하는 인구의 비율을 말한다. 한국의 도시화율은 농촌이 도시로 개발되거나, 산업화와 경제발전 과정에서 도시지역으로 농촌인구가 이주하며 높아졌다. 도시화가 진행되면 자연스레 많은 집이 필요해진다.

1960년에 40% 정도였던 도시화율이 2000년대 90%에 이를 때까지, 한창 도시화율의 기울기가 가팔랐던 1990년대엔 주택 증가율 역시 두드러졌다. 1기 신도시 건설에 힘입은 '주택 200만 호 건설 계획'의 성공과 맞물린 결과일 것이다.

이렇게 급격한 도시화 속에서 많은 집을 새롭게 지었던 시기에 전세 비중이 가장 컸다. 그리고 1995년 이후 전세 비중이 줄어드는데, 도시화율의 증가세는 이 직전부터 완만해지기 시작했고 주택 증가율도 덩달아 떨어졌다. 2010년대 이후엔 금리 역시 계속 낮아졌다.

이 수치들만 가지고 인과관계를 논하기엔 섣부를 수 있지만 최소한 상관관계는 확인이 가능하다. 도시화율이 정체될 때 주택 증가율도 떨어졌고 마침 금리도 낮았으며, 전세는 줄고 월세가 늘어난 것이다. 2019년의 전세 수치가 이미 1975년보다 낮아졌는데, 전세가 줄어든 원인을 2020년의 주택임대차보호법 개정에서 찾는다면 영 번지수가 틀린 이야기겠다.

전세보증금대출 제도를 어찌해야 할까

전세보증금대출 제도가 처음 나왔을 때, 대출액은 비교적 소액이었고 대상도 한정되어 있었다. 1990년부터 시행한 저소득 영세민 전세자금대출 제도는 국민주택기금에서 저리로 전세자금을 빌려주는 것으로, 연 소득 3천만 원 미만의 저소득층 대상으로 보증금의 70%까지(서울의 경우 5천만 원 한도) 대출해주었다.

1994년에는 이보다 대상이 확대되어 근로자, 서민 전세자금대출 제도가 도입되었다. 이후 2006년에는 8천만 원에서 1억 원으로, 2008년에는 1억 원에서 2억 원으로 한도가 증액되고 보증 한도와 소득 기준은 계속 완화되었다. 2012년에는 주택도시보증공사 HUG가 전세자금대출 보증에 참여하기 시작했다. 이 과정에서 '대출 총액'은 눈덩이처럼 불어났다.

2000년에 9천6백억 원 규모였던 근로자·서민 전세대출 금액은 2005년에는 1조 1천3백억 원 수준이 되었다. 저소득 영세민 전세금의 규모는 훨씬 작아서 2000년에 1천7백억 원, 2005년에 2천6백억 원 수준이었다.[4] 모두 합쳐봐야 1.4조 원 가량이다.

그런데 은행권 전세자금대출 잔액은 2008년에는 8.6조 원, 2012년에는 23.4조 원 규모로 늘어났다. 2016년에는 50조 원으로 여기서 2배 넘게 증가했고, 2021년 말에는 무려 180조 원에 달하게 되었다.

대출금 외에도 세입자 자신의 돈까지 합친 대한민국의 전세자금 총액은 얼마일까? 한국경제연구원에 따르면 전세와 반전세를 합쳐 1,056조 원이라고 한다.[5] 전세자금 대출액은 그중 약 17% 정도를 차지하는 셈이다. 이는 세입자들의 부담을 그 정도 덜어줬다는 이야기가 될 수 있지만, 그만큼 제도적으로 대한민국의 집값을 떠받치고 있다고도 볼 수 있다.

무엇보다 전세 제도의 가장 큰 비극은 세입자들도 '집값 상승 동맹'에 동참해야 한다는 것이다. 보증금을 무사히 받기 위해서는 어쩔 도리가 없다. 이는 전세 사기와 같은 일탈행위 때문이 아니라 전세의 근원적이고 구조적인 성격에 따른 것이다. 시세가 하락해서 다음 세입자에게 받을 보증금이 더 적어지는 역전세나, 심지어 집값이 전세보증금 밑으로 떨어진 깡통 전세 때문에 생기는 피해가 그 증거다.

전세의 본질은 집값이 계속해서 오르지 않으면 제대로 작동할 수 없고, 세입자의 보증금 마저 위태로워지는 것이다. 처음부터 악의적으로 세입자를 속이는 전세 사기가 아니더라도, 애초부터 전세는 마치 '폰지사기'와 같이 지속 불가능한 시스템이었던 것이다.

우리는 새로운 집이 계속 지어지고 그 집값이 계속 오르던 시절에 이를 깨닫지 못했다. 도시화율이 정체되기 시작한 이래 지난 30년간 꾸준히, 전세가 주거 미끄럼틀 역할을 하는 동안에도 의식

하지 못했던 것이다. 전세금 대출 제도는 더 많은 사람들을 여기에 끌어들였고 피해 금액과 파급효과를 더 키웠다.

전세의 종말과 대안을 찾아서

2016년 박근혜 정부 당시 "전세의 시대는 갔다"라는 표현이 등장했다. 더 거슬러 올라가면 2013년에도 '전세의 종말'이란 표현은 각 언론사 기사 제목으로 심심찮게 등장했다. 2020년의 주택임대차보호법의 개정이나 2022년 이후의 부동산 경기침체 이전에도, 전세는 역사적 흐름 속에서 월세로 전환되고 있었다.

전세보증금이 비록 투기의 종잣돈으로 쓰였을지 몰라도 주거 사다리를 오르고 싶었던 전세 세입자와 그들의 전세 선호 자체는 선악을 따지기 어려운 역사의 산물이다. 지금 필요한 것은 전세의 빈자리를 채울 대안이다. 대부분의 사람들은 월세보다 전세를 선호해왔고, 지금도 많은 이들이 전셋집에서 살고 있다. 그리고 대부분의 임대인들은 월세로 전환하기 위해 전세금을 돌려줄 만큼의 현금을 쌓아놓고 있지 못하는 처지에 있다.

이런 상황에서 무조건 세금만 높게 매긴다고 세입자의 처지가 나아지는 것도 아니다. 만약 임대인이 파산하면 세입자는 전세금을 날리거나, '1가구 1주택주의' 차원에서 그 집이 실소유자에게 넘어

가게 되면 쫓겨나야 한다. 현 거주자에게 집을 넘기면 되지 않냐고 할 수도 있지만, 모든 세입자가 당장 살고 있는 집을 소유해야만 하거나(당위), 할 수 있거나(능력), 하길 원하는 것(선호)은 아니다. 세금 만능주의 이전에, 전세로부터 세입자들을 질서 있게 구출하기 위한 세심한 대책이 선행되어야 한다.

전세의 대안이자 향후 주택정책의 핵심과제로 크게 세 가지를 제시한다. 첫 번째는 필요하다면 전세를 월세로 일부 전환할지언정, 기존의 전세보증금을 낮출 수 있도록 임대인 대출을 확대하는 것이다. 집값이 오를 때는 세입자가 빚을 내서 전세금을 올려줬다면, 집값이 떨어질 때는 임대인이 빚을 내서 전세금을 내려줘야 하는 것이 순리가 아닐까. 세입자가 전세보증금을 빌릴 때 은행이 임대인 통장으로 곧장 입금했던 것처럼, 이번엔 임차인 통장으로 전세보증금이 바로 입금되도록 해야할 것이다.

세입자 입장에서는 목돈을 (일부) 돌려받고 그만큼 월세로 전환하니 매달의 현금흐름이 부담스러워질 수 있다. 그러나 전세자금 대출을 지원하는 대신 월세 보조를 확대하면 세입자의 부담을 줄일 수 있다. 전세자금 대출이자를 내는 것과 월세금의 차이가 적다면, 보증금 미반환 리스크에서 자유로워지는 쪽을 선호할 임차인들도 많다. 아예 임차인 앞으로 나가 있는 전세보증금 대출금을 임대인이 대출 받은 것으로 돌리는 것도 하나의 방법일 것이다. 다만 은행 입장에서는 대출의 성격이 주택에 대한 담보대출로 바뀌면서 검토할 부분이 많아지는 것이 숙제다.

이때 건설사를 대상으로 하는 프로젝트 파이낸싱^{PF} 보증 제도를 적용하는 것도 검토할 만하다. 미래의 현금흐름을 기반으로 자본을 조달하는 PF에 대해 현재도 주택도시보증공사 등이 보증을 하는데, 이를 '전세의 질서 있는 월세화'에도 적용하는 것이다. 전세와 투기를 뒷받침하는 전세보증금 대출 제도나 전세보증금반환보증 보험제도보다 훨씬 미래지향적인 대안이다.

두 번째 대안은 공급자도 책임을 나눠 지는, '환매 보증부' 지분공유형 주택이다. 예컨대 공공분양주택을 5:5 지분공유형 주택으로 공급하면 입주자는 전세보다 저렴한 비용으로 안정적으로 거주할 수 있고, 퇴거할 때는 지분에 따라 시세차익도 일부 공유할 수 있다. 민간 전세와는 달리 공급자가 즉시 지분을 환급해준다면 전세는 물론이요, (집이 안 팔리면 이사갈 수 없는) 일부 자가보다도 유리한 조건이다. 초기 부담금을 전액 대출 받아도 집값 전체로 보면 LTV 50% 수준이고, 공공이 환매를 보증하니 은행 입장에서 돈을 빌려주기도 어렵지 않다.[6]

마지막 대안은 이 책의 주제다. 임대부문에서도 안정적 거주와 부담 가능한 임대료 및 양호한 주거 환경을 실현하는 주택을 늘려나가는 것이다. 그 방법으로 '사회주택'이 있다. 지분공유형에 대해 돈을 빌려주기 쉽다는 것은 은행 입장에서 담보가치가 확실하다는 것이지, 원리금을 갚는 임차인 입장에서는 여전히 부담스러운 금액일 수 있다.

따라서 임대주택도 반드시 필요하다. 그동안은 이 역할을 공공임대 혼자서 했는데, 사회주택과 함께하면 더 잘할 수 있다. 나아가 '주거 사다리가 필요 없는 시스템'도 꿈꿔 볼 수 있을 것이다.

주거 사다리가 필요 없다니? 허무맹랑한 말은 아닐까?

2
격차가 없으면
사다리도 필요 없다

현실에는 엄연히 주거 격차가 있다. 격차의 아래쪽에서는 세입자가 마음 편하게 살지 못하니, 너도나도 주거 사다리를 올라 '내 집 마련'에 도달하겠다고 사다리가 미어터진다. 이러한 열망은 집값을 떠받치게 되고, '집값은 떨어지지 않는다'는 믿음을 기반으로 투기도 작동하게 된다.

투기가 거품이라면 그 거품은 언젠가 터질 텐데, 터졌을 때의 피해는 책임 소재나 빈부를 가리지 않고 광범위하다. 무엇보다 거품이란 터지기 전까지 거품인 줄 모르는 법이다. 지금이라도 사다리에 올라타지 않으면 영원히 못 쫓아갈 것 같다는 불안감까지 가세하면 이른바 '패닉 바잉Panic Buying'이 일어난다. 무리하며 집을 사는 것은 투기를 하고 싶어서가 아니라, 이렇게라도 하지 않으면 영영 집을 못 살 것 같은 심리에서다.

그러나 집을 사는 것이 투기 목적은 아니었을지언정 집값은 계속 올라야 한다는 마음으로 호랑이 등에 올라타게 되는 건 마찬가지다. 그렇게 집을 사고 나면 집값이 떨어질까 불안해진다. 그리하여 우리들은 대부분 다음과 같이 생각하게 된다.

대한민국 집값은 잡혀야지. 하지만 내 집값은 올라야지.

그런데 다른 집 시세는 그대로면서 내 집값만 오를 수 있을까? 그렇지 않다는 것을 알면서도 사람들의 인식은 이중적이다. 2023년에 발표된 한 여론조사 결과[7]는 이를 정확하게 보여준다. 전반적으로 집값이 지금보다 더 떨어져야 할 만큼 고평가되어 있다고 생각하는 이들은 응답자의 70%였다. 그런데 자신의 집값이 고평가 되어 있다고 생각하는 이의 비율은 42%에 불과했다.

집을 사기 전까지는 집값이 떨어지길 바라고, 집을 사는 순간부터는 오르길 바라는 것은 인지상정일 것이다. 그러니 집값을 잡으려는 정책은 성공하는 순간 실패하는 정책이 될 운명이다. 집값을 잡겠다는 것 자체를 정책 목표로 둘 것이 아니라, 어디에서 살아도 마음 편히 살 수 있는 상황을 만드는 것을 목표로 해야 한다. 그래야 사다리에 먼저 오르겠다는 경쟁이 줄어들고, 실거주 목적으로 형편에 맞는 집을 소유하고자 할 때 집을 사기도 수월해진다.

이를 버스전용차로에 비유할 수 있겠다. 버스전용차로가 생기고 당장은 도로의 차선이 줄어들고 길이 좁아진 것 같지만, 사실 덕분에 내가 운전하기 더 편해진다. 버스를 탈 인원이 모두 자동차를 사서 몰고 나오면 길은 더 복잡해지고 차량 가격도 비싸질 테니 말이다. 물론 이는 버스 이용이 불편하지 않을 때 통하는 이야기일 것이다. 다시 돌아와 결국 월세와 전세, 자가를 서로 비교하더라도 어느 곳에서든 살기 적절하고 부담에 큰 차이가 없어야 사람들이 편하게 선택할 수 있을 것이다.

점유 형태 사이에 차별이 없는 이런 성질을 '주거(점유) 중립성 Tenure Neutrality'이라고 한다. 주거 중립성이 보장되면 점유 형태를 편하게 선택할 수 있으니 '주거 선택권'도 보장된다고 할 수 있다. 아직은 낯설 수 있는 개념이다. 그렇다면 앞서 대중교통의 예를 든 것에 이어 '교통 중립성'의 개념부터 유추해보자(현대 도시에서는 주택과 교통에 비슷한 점이 많다. 물론 교통수단은 자산화 효과가 없지만 개념의 이해를 위해 양해를 구한다).

우리는 보통 짐이 많으면 택시를 타고, 정시성을 위해서는 지하철을 탄다. 버스 정류장이 가까이 있거나 환승할 필요가 없다면 버스를 타기도 하지만, 그렇다고 해서 영원히 버스만 타는 것은 아니다. 택시나 지하철도 마찬가지다. 내게 필요한 교통수단을 그때그때 필요에 따라 선택하면 된다. 내가 원하는 교통수단을 골라 이용할 수 있는 교통 중립성이 구현되면 사람들은 굳이 자가용을 소유하지 않아도 되고, 소유하더라도 매번 운전을 하지 않아도 된다. 평소 대중교통을 이용하는 것은 여러 측면에서 개인과 사회에 모두 유익한 일인 셈이다. 이를 위해서 공공은 다양한 교통수단에 골고루 투자해야 한다.

주거 분야로 돌아와서 주거 중립성이 구현된 상태 즉, 어떤 점유 형태를 한 번 선택했다 하여 다른 선택을 하는 것에 제약이 없고, 쫓기듯 올라야 할 사다리도 필요 없는 이상적인 상황을 상상해보자.

"투자 목적이 아니라 실제로 살기 위해서이므로, 특정 지역에 장기 거주 계획이 있고 집도 마음에 들 때 산다. 예산이 부족하면 대출을 받아야겠지만, 단기 시세차익을 목적으로 무리하게 빚을 내는 것이 아니므로 경기변동에 따라 이자율이 다소 올라도 크게 부담되지 않는다.

장기간 대출이자를 갚으며 살 만한 집을 찾지 못했거나, 조만간 이사할 확률이 높다면 굳이 집을 소유하지 않는다. 잠시 살기 위해 취등록세를 내는 것도 꺼려지고, 이사를 가고자 할 때 적시에 집이 팔린다는 보장도 없기 때문이다. 이런 이들을 위해 집을 빌려서 살 때 원하는 기간만큼 마음 편히 살고, 합리적인 수준의 주거비를 지출하며, 불가피한 임대료 상승이 있더라도 이를 충분히 예측할 수 있도록 임대부문이 운영된다.

당사자가 원할 경우 인구이동이 용이한 사회이기에 개인의 행복 추구는 물론이고, 국가적 차원에서 경제와 산업의 혁신과 발전도 꾀하기 쉽다. 이때 가계부채가 안정적으로 관리되는 것은 기본이다."

이렇게 주거 중립성이 실현되려면 주거 선택 대상이 한정적이지 않고, 선택지의 양과 질이 편향되지 않아야 한다. 따라서 다양한 주택을 꾸준히 공급하는 것은 주거 중립성을 위해 여전히 중요하다.

문제는 우리가 그 다양한 주택들에 편하게 접근하도록 하는 방법이다. 집값은 원래 비싸기 때문이다.

3
집은 원래 비싸다,
반값이 되어도 비싸다

'반값'이 되어도 살 수 없는 집

한때 '반값 아파트'라는 말이 유행했다. 주로 토지 임대부 분양주택
을 두고 하는 말이었다. 토지를 임대하는 방식으로 초기에 땅값을
내지 않고 주택만 분양받으니 반값이 된다는 뜻이었는데, 사실상
반전세나 다름없었다.

    실제 서울주택도시공사(이하 SH)가 마곡에 짓는 공급면적
74.4m² 토지 임대부 주택의 건물가는 약 3억 원, 토지임대료는 월
50만 원 정도다. 그런데 이는 '보증금 3억 원에 월 임대료 50만 원'
을 내는 반전세와 마찬가지고, 전세로는 4억 원 정도에 해당한다(전
월세전환율 6%일 때다).

그런데 시중에 전세 4억 원인 집의 매매가가 약 6억 원인 경우는 흔하다. 이런 상황에서 6억 원짜리 집에 3억 원만 지불한 뒤 입주하여 매달 50만 원을 낸다고 반값 아파트라고 할 수 있을까? 우리는 초기 선납금 50%를 내고 나머지에 대해 월 임대료를 내는 리스 자동차를 반값 자동차라 하지 않는데 말이다.

6억 원짜리 집을 3억 원에 살 수 있다면 정말 '반값'이 될 것이다. 그러나 여기서 하고 싶은 이야기는, 그렇게 된다 한들 그 집을 당장 살 수 있느냐는 것이다.

집은 건축사가 건물을 설계하고 시공사가 인력을 배치하여 원자재를 동원하고 미분양과 같은 각종 리스크를 감내하며 짓는 재화다. 그러니 일반적으로 연봉을 한두 해 모아서는 감당할 수 없는 비용이 된다. 투기도 없고 토지 가격이 0원이라고 해도 그렇다. 요즘은 평당 공사비가 700만 원을 넘는 경우도 예사지만, 500만 원이라고 해도 25평이면 1억 2천5백만 원이다. 이것은 연봉 3천만 원인 사람이 소득의 절반인 1천5백만 원을 매년 저축해도 9년 가까이 걸리는 액수다.

저축을 시작했다 치자. 그렇다면 돈을 모으는 동안에는 어디에서 살아야 할까? 당분간은 집을 빌려 살면서 돈을 모아야 할 것이다. 그런데 그러는 사이 집값이 계속 뛰어오를 수도 있다. 결국 어느 정도 돈을 모은 뒤에는 빚을 내어 보태지 않으면 집을 사기 어렵다는 결론에 다다른다. 그럼 어디서 어떻게 빚을 내야 할까?

빚내서 집을 사도 괜찮을까?

과거에는 전세를 끼고 집을 사는 방법이 하나였다. 세입자가 낸 전세금이라는 사적 금융에 의존하는 것이다. 2000년대 이후에 '모기지론' 즉 앞으로 거주할 집을 담보로 은행이 돈을 빌려주는 주택담보대출 제도가 도입되었다. 사적 금융인 전세가 여전히 작동하는 가운데 은행이 빌려주는 제도권 금융이 등장한 것이다. 이때 은행에서 건전성을 감안해서 대출액을 산정하기 위해 동원하는 장치가 LTV, DTI, DSR 개념이다.

앞서 나온 LTV는 주택 가격 대비 대출액 비중을 말하니, 주택의 가격에 따른 담보가치와 연관이 있다. 현재 주택 가격이 고평가되었다고 하면 돈을 빌려주는 입장에서는 LTV를 낮추는 게 마땅할 것이다.

DTI는 총부채상환비율 Debt To Income 의 약자로, 연 소득 대비 대출(원리금상환액)의 비중을 알 수 있는 지표다. 담보물(주택)의 가치가 아니라 채무자(사람)의 상환능력 및 가계부채 관리 문제와 연계된다. 돈을 빌려주는 채권자 입장에서는 채무자에게 안정적이고 충분한 월 소득이 있는지가 중요해진다. 반면 돈을 빌리는 입장에서는

DTI가 크면 그만큼 가처분소득이 줄어드는 셈이라 삶의 질이 떨어지게 된다.

DSR은 총부채원리금상환비율Debt Sevice Ratio의 약자로, 주택담보대출액만을 대상으로 한 DTI보다 채무자의 상환능력을 더 확실하게 판단하기 위해 신용대출 등 모든 부채를 합산하는 개념이다. 갭투자를 막기 위해 신용대출뿐만 아니라 전세보증금도 임대인의 부채에 포함해서 규제하고자 할 때에는 DSR의 개념을 적용할 수 있다.

돈을 빌려주는 입장에서 상환능력을 중요시한다면 DSR이나 DTI를 엄격하게 적용해야 마땅하다. 사실 상환능력에 맞게 대출을 받았고 당분간 그 집에서 계속 살 생각이면, 집값이 떨어지는 것이 당장은 큰 문제가 되진 않는다. 문제는 높게 치솟는 금리다. 소득으로는 대출금을 갚지 못하게 되기 때문인데, 이런 경우에 돈을 빌려준 은행은 집을 팔아서 갚도록 해야 하니, 채권자 입장에서는 LTV도 함부로 정할 수 없다. 집이 경매라도 넘어가면 원래 가격보다 낮은 가격에 팔리기 십상이다. 이런저런 행정 비용도 들어갈 테니, 이러한 리스크를 감안하면 LTV도 되도록 낮게 빌려주게 될 것이다.

집값이 계속 오르는 상황에서는 이러한 대출 규제가 느슨해질 수 있다. 수요자 입장에서도 집값이 계속 오르면 자금력이 부족해지니, 대출을 더 받을 수 있게 해달라고 요구하게 된다. 그러나 그렇게 하면 집값은 더 오른다. 거품을 키우는 악순환이 반복되다가 예상치 못한 가격 하락 국면이 닥치기라도 한다면 상황은 더욱 끔찍해질 것이다.

따라서 집값의 얼마까지 빌려줄지, 혹은 소득수준에 맞춰 어느 정도 빌려줄지 결정하는 것은 고도의 정책적 판단의 산물이(어야 한)다. 국민들의 내 집 마련을 지원하는 측면, 전체 국가경제에서 가계부채가 어느 수준인지 보고 판단해야 하는 측면, 향후 경기 전망 등이 복합적으로 얽혀 있기 때문이다.

그러나 이는 민주주의 사회에서 인기 있는 주제가 아니다. 대출을 받지 않고 집을 사는 현금 부자들이나 전세를 끼고 집을 늘려가는 다주택자들을 보면, 대출 규제로 인해 발이 묶인 실수요자들의 박탈감은 커진다. 그러다 보니 선거철이면 '집값이 고점에 있습니다. LTV를 완화하겠습니다(집값이 앞으로 떨어질 거라면서 집값 대비 대출액을 늘려주겠다는 뜻일까?)'라거나, '가계부채 문제가 심각합니다. 하지만 DSR을 완화하겠습니다(빚이 너무 많으니 더 많이 빌리게 해주겠다는 것일까?)' 라는 매우 위험하고 앞뒤가 맞지 않는 공약도 나오곤 한다.

하지만 생각해보자. 30년 동안 저축해도 살 수 없는 집값이니 대출 규제를 풀어달라고 한다. 그 말을 뒤집으면, 그렇게 대출받은 돈은 30년 동안 저축해도 갚을 수 없는 금액이라는 뜻이 된다. 결국 돈을 벌어서 갚지 못하니 집을 팔아서 부채를 갚겠다는 것이다. 그러려면 집값이 올라야 한다. 현재 기준으로 30년이 걸려도 못 사던 집을 이제 조카 세대에는 40년, 자식 세대에는 50년이 걸려도 못 사게 되더라도 말이다.

마찬가지로 은행 입장에서도 집값이 올라야 한다. 돈을 빌린 이가 성실하게 원리금을 갚아주면 상관없지만, 그러지 못할 경우 담보물인 주택을 팔아 돈을 회수해야 하는데 집값이 물가 이상으로 오르지 않았다면 곤란해진다. 이런 시스템 속에서는 모두가 집값 안정을 바라는 동시에 아무도 집값 안정을 바라지 않는다.

이 와중에 주택은 점점 더 다주택자의 수중으로 들어간다. 시장이 과열되는 가격 상승기에 영끌과 패닉 바잉으로 집을 마련했던 이들은 금리가 오르면 하우스푸어가 되어 곡소리를 내게 된다. 대출금을 갚기 힘들어진 이들이 집을 내놓기 시작해도 매수자는 나타나지 않으니 집값은 내려간다. 이때 나온 집들은 누가 사들일까? 결국 자금 여유나 담보력 있는 다주택자들이다.

실제로 우리나라의 다주택자 비중은 커져가고 있다. 2012년 13.6%였던 다주택자의 비중은 2019년이 되어 15.9%가 되었다.[8] 물론 이 와중에 내 집 마련의 꿈을 이룬 사람들도 있겠지만 이런 식으로 가면 어떤 이들은 대출을 받아 건설사들의 숨통을 틔워주고, 몇 년 동안 내 집이라고 생각하며 빚을 갚다가, 결국 빚 감당을 못 하고 다주택자들에게 집을 넘겨주는 사이클이 반복될 것이다.

정부는 부동산 경착륙을 막는다는 명분으로 다주택자들의 구매력을 동원하고자 세금 계산시 이를 주택 수에서 제외한다는 식으로 규제를 완화하기도 한다(국토교통부가 발표한 2024년 1월 10일 부동산 대책이 대표적이지만, 사실 어느 정부든 경기 하강기 정책들은 대부분 이런 식이었다). 경기를 부양하고자 여러 규제가 완화되었던 2013년에서 2016년 사이, 서울에서 신규로 공급된 주택들의 77.6%가 무주택자가 아닌 유주택자에게 돌아갔다.[9] 만약 2024년으로부터 몇 년 뒤 비슷한 조사를 다시 하면 어떤 결과가 나올까?

경기변동이 없고 안정적으로 경제가 계속 성장해간다면 상황은 괜찮을까? 빚을 내 집을 사도록 하는 정책의 또 다른 문제는, 은행은 아무에게나 대출을 해주지 않는다는 점이다. 안정된 직장을 가지지 못한 이들에게 은행의 문턱은 높다. 대출 규제를 완화해도 수많은 비정규직, 프레카리아트[10]들에게는 그림의 떡이다. 그러니 대출을 통해 주거 사다리를 올라 내 집을 마련하는 것은 노동이 유연화된 지금 세상에서 보편적인 해법이 될 수 없다.

투기가 없어도 집값은 원래 비싸다. 땅값을 빼고 건물값만 해도 여전히 비싸다. 저축해서 집을 사려면 시간이 너무 오래 걸린다. 앞으로 전세를 활용하는 것도 힘들어진다. 최근 사기 문제로 전세를 구하고자 하는 임차인의 선호가 줄었다지만, 전세는 그전부터 줄어들고 있었다. 임대인 입장에서도 목돈을 가지고 있어 봤자 투자처가 마땅치 않다면 전세의 매력이 떨어질 수 있다는 것은 앞서 살펴보았다. 사적 금융과 투자의 종잣돈 역할을 하던 전세를 통해 주거 사다리를 오르는 것은 일부에게만 가능한 것이었을 뿐더러, 그마저도 역사적으로 특정한 상황에서만 가능했다.

그렇다면 우리는 어떻게 해야 할까? 집값은 원래 비싸고, 반값이 되어도 비싼데 말이다.

소비자가 아니라 공급자가 빚을 져라

주택을 짓기 위해선 초기에 많은 비용이 들어간다. 건설업자나 소비자가 처음부터 필요한 비용을 다 가지고 있지 않다면, 중간에서 이들을 연결하는 금융의 역할이 필요하다. 이때 금융은 공급자를 위한 것과 소비자를 위한 것이 있는데, 기존에는 주로 대출 기반 '소비자금융'에만 의존해왔다면 이제는 장기 저리 '공급자금융'의 역할을 대폭 키워야 한다. 이는 공급자가 집을 할부로 판매하기 위해서다. 이를 '초기비용의 유동화'[11]라고 표현해보겠다.

제도권 금융이 미비하고 대부분의 재원은 수출산업에 투입되던 시기에 공급자금융의 역할을 한 것은 '선분양 제도'다. 이 제도는 소비자의 돈을 미리 끌어와 건설업자에게 전달해주는 것으로 소비자에게 기대고 있는 셈이다. 경제가 발전하고 금융이 제도화되면서는 미래의 현금흐름 분석을 바탕으로 자금을 투입하는 프로젝트 파이낸싱이 도입되었다. 이런 공급자금융을 동원해서 집을 지은 뒤, 소비자에게 전달할 때는 할부로 판매하는 것이 아니라 일시불로 판다. 이를 위해 소비자에게 돈을 빌려주는 소비자금융이 등장하고, 공급자는 집값을 받고 퇴장한다. 이것의 대표적인 예시가 2000년대 이후 본격 등장한 모기지론이다.

그전에는 어떻게 했을까? 앞서 '임대인에 대한 무이자 대출'이라고 했던 바로 그 '전세'가 소비자금융의 역할을 했다. 여기서 다주택자는 주택이라는 재화를 최종 소비자에게 전달하는 과정에서 공급자금융과 소비자금융을 연결해주는 핵심 역할을 하게 된다. 이렇게 보면 다주택자는 '초기비용 유동화의 매개자'다. 실제 거주할 세입자가 집값을 다 낼 여력이 없을 때, 다주택자가 먼저 부담하고 전세나 월세를 통해 비용을 (일부) 회수하는 것이다.

그렇게 다주택자가 유동화를 매개해주는 것이 '민간주택'이라면, '공공주택'이란 이 역할을 '공공'이 해주는 것이다. 공공주택은 입주자가 소유권을 가져가지 않는다면, 초기비용의 원금을 갚지 않고 이자 수준으로만 내도록 운영할 수도 있다. 훗날 건물이 낡아서 새로 지어야 할 때를 생각한다면 들어간 비용에 대한 이자만 받아서는 곤란할 수 있지만, 정책적 이유를 고려하여 경우에 따라 그보다 낮게 임대료를 책정하거나, 원금을 일부 갚는 수준으로 책정할 수도 있을 것이다. '공공임대'주택은 그렇게 운영된다.

'공공분양'주택은 원금과 이자를 다 갚아 소유권이 거주자에게 넘어가는 것이다. 이때 몇 번에 걸쳐 할부금을 낸다면 '지분적립형' 주택이 될 것이고(경기주택도시공사가 첫 번째 사례를 추진 중이다), 입주자가 지분을 100% 채우지 않고 사는 상황은 '지분공유형' 주택이 될 것이다(아직까지는 사례가 없다). 분양전환 공공임대주택은 말 그대로 처음엔 임대로 살다가 나중에 집값을 모두 지불하는 개념이다. 이런 모든 유형들 즉, 지분적립·공유형 주택이나 분양전환 임대주택, 장기 임대주택들의 공통점은 초기비용이 장기간에 걸쳐 회수된다는 것이다.

민간 분양을 통한 자가 소유도 현금흐름의 큰 틀은 비슷하다. 다만 중간에 은행이 있다. 수요자는 은행에서 빌린 돈으로 초기비용을 우선 치르고 소유권을 넘겨받은 뒤, 매달 은행에 대출이자를 조금씩 갚는다. 이때 수요자는 경기변동의 부담을 지고 돈을 빌리는 역할을 한다. 이 책에서 주장하는 "공급자가 책임지고 할부판매를 하라"는 말은, '돈을 빌리는 역할'을 이제 수요자 대신 공급자가 하라는 뜻이다.

물론 수요자가 돈을 빌린 뒤 분양 대금을 처음부터 완납할 때와 비교하면, 공급자 입장에서는 비용 회수에 시간이 오래 걸리니, 현재가치 할인율이나 이자율에 따라 분양가를 조금 높게 책정하고 싶어질 것이다. 그래서 공급자금융을 '장기 저리'로 해야 이 인상분을 최소화할 수 있다. 실제 네덜란드나 오스트리아의 사회주택은

'30년 만기 1%'와 같은 장기 저리 공급자금융이 뒷받침하고 있다.

수요자 입장에서는 할부판매로 총 비용이 약간 늘어났다 해도, 은행에서 그 돈을 직접 빌릴 때 들어가는 대출이자와 비교하여 부담이 비슷하거나 더 낮다면 마다할 이유가 없다. 은행 입장에서도 신용 상태가 제각각인 개인들에게 돈을 빌려주고 관리하는 것보다, 기관 대 기관으로 협의하여 일을 처리하는 것이 더 편하고 비용도 아끼는 방법일 것이다. 이렇게 공급자와 은행이 협력하여 공급 비용을 유동화할 수 있도록 장기 저리 공급자금융이 작동하는 것이 주거 안정과 가격 안정의 핵심 비결이 되겠다.

전세 위기 극복도 마찬가지다. 앞서 현재의 전세보증금을 차분하게 낮추고 일부를 월세로 전환하는 것을 해법으로 제시했다. 이를 위해서 임대인들이 빚을 내야 한다고도 했다. 여기에 필요한 재원의 성격도 마찬가지로 장기 저리 공급자금융이다. 대출을 받은 임대인들이 그 이자를 일부 월세로 받고자 한다면, 이는 임차인에게 부담이 된다. 그러니 임차인에게 전가될 부담을 줄이려면 임대료 규제도 필요하겠지만, 임대인을 위한 장기 저리 금융도 필요할 것이다.

이렇게 해야 내가 집을 사기 위해 후세대의 집값이 더 비싸져야 하는 쳇바퀴에서 벗어날 수 있다. 또한 나의 전세보증금을 무사히 돌려받기 위해 사회 전체적으로 집값이 비싸지길 바라는 동맹에 참여해야 하는 딜레마에서도 벗어날 수 있다.

외롭게 앞장섰던 사회주택

사회주택은 이런 초기비용의 유동화의 역할을 이전부터 맡아왔던 다주택자나, 1989년부터 본격적으로 나서기 시작한 공공 또는 2000년대 이후 모기지론을 제공해주었던 은행이 아닌, '사회부문'이 매개하는 것이라 할 수 있을 것이다.

사회부문이 이 역할을 맡게 되면 어떤 점이 좋을까? 사실 대한민국에서 이 필요성을 가장 앞서서 제기한 것은 사회부문이었다. 민간부문은 예나 지금이나 자금을 빨리 회수할 수 있는 분양을 선호해왔다. 공기업 역시 택지개발 사업으로 벌어들이는 돈이나 분양전환 대금을 통해 임대주택 공급에 필요한 비용을 충당해왔다.

반면 사회주택은 택지개발을 따로 해서 돈을 벌고자 하지 않았고 그럴 수도 없었다. 임대가 아닌 분양용으로 집을 지어서 초기에 '완판'하려 하지도 않았다. 부담 가능한 수준의 임대료를 책정하려했던 사회주택은 태생적으로 장기 저리 공급자금융이 필요했고, 그랬기에 한국 사회에서 전례가 없던 길을 새로이 내왔다. 사회적 경제주체가 영세해서, 경영을 할 줄 몰라서 그렇다고 무시 받으면서도 미련하고 우직하게 그 길을 걸어왔다.

단순히 제일 앞장서 주장했기에 이 역할을 제일 잘할 수 있다는 말을 하려는 것은 아니다. 사회부문이 주택 공급과 운영 과정에 참여해서 좋은 점은 이외에도 무수히 많다. 우리의 미래를 생각한다면 사회주택의 역할은 더욱 커져야 한다. 사회주택이 해결하려 했고 여전히 해결하려는 과제들이야말로 지금 우리 사회의 '집 걱정'의 본질에 닿아 있기 때문이다. 이제 그 이야기 속으로 여러분을 초대한다.

2장

사회주택,

깊고

넓게

알아보기

"주택협회 AAB는 코펜하겐과 인근 지역에서
2만 호 정도의 주택을 운영합니다.
우리는 사회주택 공급조직입니다.
간단히 설명하면, 우리의 목표는 모두를 위해 좋은 품질의 집을
이윤을 남기지 않고 공급하는 것입니다."

— 주택협회 AAB 조직 소개 중 발췌

1
사회주택이란?

주택에 대한 다양한 이름들

우리 주변에는 청년주택, 다세대주택, 공공주택처럼 다양한 명칭의 주택들이 있다. 대개 건물의 물리적 특징이나 소유관계에 따른 것으로, 하나의 주택에도 여러 이름이 붙을 수 있다.

예를 들어, 건물 한 채가 도시형생활주택(건축 유형)이면서 동시에 민간 주택(공급 또는 소유 주체)이고, 임대주택(점유 형태)이면서 셰어하우스(사용 방식)이자 청년주택(공급 대상)일 수도 있다.

이름은 재원에 따라서도 달라진다. 국민주택은 주택법상 일정 규모(85㎡) 이하이면서 국민주택기금(현 주택도시기금)이 투입된 것을 말한다. 임대료 책정 기준이나 공급 대상에 따라 공공주택 안에서도 영구임대주택, 행복주택, 매입임대주택 등 수많은 유형이 있다. 그렇다면 사회주택은 어떤 기준으로 만들어진 이름일까?

공공주택은 '공'기업이 공급한 것, 민간 주택은 '민간'기업이 공급한 것이니 사회주택은 '사회적'기업이 공급한 주택이라고 할 수 있겠다. 실제로 현재 지어진 대부분의 사회주택들은 사회적기업 육성법에 따른 사회적기업들이 공급했다. 다만 아직 우리나라에서는 사회주택에 대한 법이 제정되지 않아 법률상의 정의는 정해진 바가 없다.

사회주택에 대한 조례는 있다. 서울특별시(2015), 시흥시(2016), 전주시(2018), 부산광역시와 부산 중구·동구 및 고양시(2019), 경기도(2020) 등이다. 이 중 제일 첫 번째 조례의 사회주택 정의는 다음과 같다.

"사회주택"이란 사회경제적 약자를 대상으로 주거 관련 사회적 경제주체에 의해 공급되는 임대주택 등을 말한다.
—서울특별시 사회주택 활성화 지원 등에 관한 조례 2조 1항

세부 내용을 살펴보면, 공급 대상(사회경제적 약자), 공급 주체(사회적 경제주체), 점유 형태(임대주택) 등을 규정하고 있다. 다른 지자체들의 정의도 이와 비슷하여, 공급 대상이 대체로 사회적약자이고

공급 주체가 사회적 경제주체[1]라는 점은 공통적이다. 차이가 있다면 공급과 함께 '운영'을 명시(전주시·고양시·경기도 등)하거나 '사회적 가치 구현' 등을 목적으로 추가(경기도)하는 식이다.

사회주택에 대한 조작적정의와 개념적정의, 그리고 문제

법적 정의는 제도를 잘 운영할 수 있도록 정하기 나름이다. 예컨대 건축법 시행령에서 아파트를 5층 이상의 공동주택이라고 정의했더라도, 5층이 아닌 6층 이상이라고 해도 개념상 틀렸다고 하긴 어렵다. 실무적으로 소방법이나 승강기 설치 같은 집값 차원에서 문제가 생길 순 있지만, 층수에 따라 아파트의 본질이 달라지는 것은 아니다.

이러한 정의를 '조작적Operational정의'라고 한다. 여기서 말하는 '조작'은 위조나 날조의 의미가 아니다. 상황에 따라 관련 규정을 적절히 조절할 수 있고 제도가 원활히 작동할 수 있도록 한다는 뜻이다. 조작적정의는 보편적으로 적용 가능하지는 않지만 특정한 실험이나 조사를 할 때, 제도와 법적인 차원에서 규정할 때 의미가 있다.

어떤 나라에서는 3층 이상이면 아파트라고 할 수도 있고, 집합건물을 구획해서 사는 공동주택이라면 층수를 따지지 않고 전부 아파트라고도 할 수 있다. 같은 개념이지만 이름만 다르게 부를 수도 있다. 외국에서는 구분등기를 통해 개별 소유가 가능한 공동주택을 아파트가 아닌 콘도미니엄이라 하기도 한다.

국민주택기금이 들어가면 국민주택이라 했듯, 사회주택을 정의할 때 사회주택기금으로 지은 주택이라고 해도 제도가 잘 굴러간다면 문제 삼을 일은 없다. 하지만 학술적으로 연구를 하거나 제도 개선을 위한 분석을 할 때는, 보편적으로 통용할 수 있는 정의가 필요하다. 이를 '개념적Conceptual정의'라고 한다. 사회주택에 대한 대표적인 개념적정의는 다음과 같다.

> "주택시장 내 양질의 주택에 접근할 수 없는 가구의 소요를 충족시키기 위한 주택 유형"[2]

> "시장의 힘이 아니라 정치적 또는 행정적으로 규정된 주택에 대한 소요에 따라 배분되어, 유효수요와 소요의 간극을 메꾸는 주택"[3]

첫 번째 정의에서는 공급 대상과 목적을 명시했고, 두 번째 정의에서는 주택의 배분 원리를 언급했다. 다른 정의들에서도 간혹 '시장가격 이하의 주택'이란 표현과 '시장과는 별도의 기구로 배분되는 주택'이란 표현이 혼용되기도 하는데 모두 비슷한 뜻이다. 주택을 시장보다 비싼 가격으로 공급할 것이라면 굳이 시장과 별도로 시도할 의미가 없기 때문이다.

소요 즉, 필요에 따라 주택을 배분한다는 표현도 마찬가지다. 자원의 생산이나 배분을 시장에만 맡겨놓으면 필요가 아닌 능력에 따라 더 비싼 값을 치르는 이들이 집을 가져가게 된다. 필요에 따른 배분은 입주 자격을 두거나 점수를 매기는 방식으로 입주의 우선순위를 정하는 것이다.

"필요에 따른 배분이라니, 이게 무슨 공산주의적 발상이냐"고 놀랄 수도 있다. 하지만 영국이나 미국과 같은 많은 자본주의국가와 마찬가지로 우리나라의 공공주택이나 다른 분야에서도 보편적으로 시행되고 있는 일들이다. 이미 우리에게 익숙한, 주택을 배정할 때 소득 기준과 신혼부부 여부에 따라 입주 자격을 판단하고, 부양가족 수나 청약 점수에 맞춰 순위를 정하는 방식이 바로 그렇다. 그렇게 하기 위해선 결국 시장과 구분되는 별도의 기구가 있어야 한다.

따라서 사회주택에 대한 개념적정의를 한국에 적용할 때 난감해지는 건 그 정의가 과격해서가 아니다. 이 정의가 사회주택이 아닌 공공주택의 정의로서도 손색이 없어서, "그렇다면 (공공주택과 구별되는) 사회주택의 정의는 무엇인가?"라는 질문에 대한 답으로는 부족하기 때문이다.

사회주택과 공공주택

그럼 사회주택과 공공주택을 구분하는 한국의 상황이 국제기준에
어긋난 것일까? 그렇게 보일 수도 있다. 어떤 나라에서 사회주택,
즉 '소셜 하우징'이라고 부르는 주택들을 다른 나라의 경우 '퍼블릭
하우징Public Housing'이라고도 한다. 용어가 섞여 쓰이고 있지만 의미
는 자연스럽게 통한다.

우리나라에 사회주택 조례가 생기기 이전에도 한국에 방문한
외국인 연구자들이 소셜 하우징을 보여 달라는 경우가 자주 있었다.
그럴 때면 "미안해, 우린 사회주택이 없어"라고 하지 않고 공공주택
단지로 데려가 "이게 우리나라의 퍼블릭 하우징이야"라고 말해도
그들은 자연스럽게 받아들였다. 반대의 상황에서도 마찬가지다.

소셜 하우징이라는 명칭은 유럽의 많은 나라에서 '소셜 엔터
프라이즈(사회적기업)'이라는 용어가 등장하기 전부터 사용되었다.
이들의 역사를 살펴보면 공기업이나 사회적기업 제도가 생기기 전
부터 일찍이 시민사회 영역에서 주거 문제를 해결하려는 노력이 있
었다. 19세기부터 시장도 아니고 정부도 아닌 노동조합이나 종교
단체 등에서 주택을 공급하는 전통이 있었던 것이다.

이런 나라들은 사회주택 중 공기업이 공급하는 경우를 공공주
택이라고 부른다. 즉 공공주택을 사회주택의 하위개념으로 여기는
경향을 보인다. 반면 20세기 이후 국가와 공공의 영역이 주도하여

주택을 공급한 나라들은 사회주택 대신 공공주택이라는 용어를 주로 쓰고 있다.

우리나라도 일제강점기를 거치지 않았다면 근대적 도시화 과정에서 지역마다 있었던 두레나 향약의 전통에 따라 주택을 공급하는 조직이 성장했을 수도 있다. 그랬다면 도시마다 '두레주택'이라는 이름으로 주택을 공급해온 전통이 100년 넘게 자리 잡았을지도 모르겠다.

지금 '사회주택'이라는 생소한 개념어를 우리나라에 새롭게 도입하는 것은 어떤 의미가 있을까? 이에 답하기 위해서는 '3자 협력'의 정신과 '제3섹터'로서의 사회부문의 역할에 대해 자세히 살펴볼 필요가 있다.

사회부문과 공공부문

그간 우리는 세상을 공공부문(제1섹터)과 시장부문(제2섹터)으로, 세상을 둘로 나누어 보는 것이 익숙했다. 그런 시각에서는 시장의 단점을 극복하고자 하는 입장을 '큰 국가론'으로, 공공의 약점을 보완하려는 입장을 '작은 국가론'으로 치부하는 경향이 있다. 이렇게 되면 사회주택의 개념을 정립하거나 역할과 필요성을 상상하기 어려워진다.

그러나 3원주의라는 공공-사회-영리의 3자 협력Public- Social- Private Partnership 방식으로 접근하면 사회주택의 의의와 이를 둘러싼 세 부문의 이상적인 협력 방식을 그려볼 수 있다.

이런 삼원주의적 관점을 잘 정리한 스웨덴의 사회학자 빅터 페스토프Victor Pestoff의 '복지 삼각형'이라는 개념이 있다. 국가State, 공동체Community, 시장Market의 관계 속에서 복지혼합Welfare Mix이 나

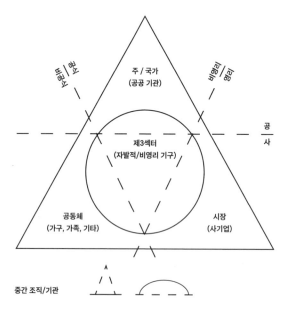

복지혼합의 개념을 나타낸 페스토프의 복지 삼각형

(출처: Pestoff, V.A. "Third sector and co-operative services--an alternative to privatization", *Journal of consumer policy*, 1992, p. 25)

타내는 성격을 정리한 것이다. 이렇게 놓고 보면 같이 묶인 둘끼리는 공통점을, 나머지 하나와는 차이점을 유추해낼 수 있다.

먼저 시장과 다른 둘(국가, 공동체)을 구분하는 기준은 영리 추구의 여부다. 이런 기준으로 보면 사회주택과 공공주택의 구분이 왜 모호했는지 이해하기 쉬워진다. 둘 다 '영리를 추구하지 않는 영역'에 속하기 때문이다.

공동체와 다른 둘(국가, 시장)을 구분하는 기준은 공식적인지, 비공식적인지의 여부다. 국가는 법과 제도에 기반하여 운영되는 공식적인 부문이다. 시장에서의 여러 행위 역시 개인들 사이의 자유로운 계약이라 하더라도 어떤 형식을 갖추거나, 공정거래질서에 관한 제도 등 법과 제도에 기반하는 공식적 성격을 가진다. 그러나 공동체는 비공식적 성격이 두드러진다. 풀뿌리에서는 자발적이고 호혜로운 원리로 배분이 일어나고, 윤리적인 차원에서 행동을 규율하는 특징이 강하다.

국가와 나머지를 구분하는 것은 공적인지 사적인지의 여부다. 선출된 정치권력의 권위로 자원을 분배하는 곳은 공적영역이다. 사적영역에서 특기할 점은 시장과 함께 공동체도 포함되어 있다는 것이다. 보통 사적영역이라 하면 시장만을 생각하던 한국의 통념과는 다른 부분이다.

이 '사부문'과 관련해서 좀 더 살펴볼 필요가 있다. 공공기관을 사기업화하는 영단어 'Privatization'은 '사유화'로 번역해야 마땅할 텐데 한국에서는 '민영화'로 번역되고 있다. '민영화한다'는 표현에 사유화 이외의 개념은 없는 것이다. 만약 한국에서도 앞으로 공공부문과 민간부분이 아닌 제3섹터가 발전한다면 '민간'의 개념도 달라지거나 더 풍부해질 수 있을 것이다.

여기서 덧붙이자면, 페스토프의 3원주의적 관점 자체는 상당히 수긍이 가지만, 국가가 아니라고 해서 '공동체'와 '시장'을 모두 사적Private이라고 하는 것은 더 생각해볼 필요가 있다. 물론 공동체는 '선출된 정치권력이 민주적으로 통제하는 영역'과는 분명 다르다. 그렇다고 이를 그저 사적인 영역이라고 하기에도 뭔가 매끄럽지 않다. '국가'가 아닌 영역은 무조건 다 사적인 영역이라고 하기보다 민간Civil으로 구분하고, 그것을 다시 사회적Social인 영역과 사적인 영역으로 나누면 어떨까 싶다.

주택분야에 3원주의적 관점을 적용하면?

이제 복지삼각형의 개념을 주택에 적용해보자. 사회주택과 공공주택의 개념 차이를 이해하기도 쉬워지고, 국가, 공동체, 시장 각각의 영역이 가진 장점을 살려 주택정책이 추구해야 할 바람직한 방향 설정에도 좋은 시사점을 얻을 수 있다.

세 가지 영역이 자신의 성격에 따라 주택을 공급한다면 어떤 모습일까? 국가가 정말 돈이 많아서 성인이 된 국민에게 집을 한 채씩 준다고 치자. 이 경우 설계나 시공도 공기업이 하는 것이라면 거의 모든 단계에서 국가가 주택을 책임지는 것으로 볼 수 있다.

풀뿌리 영역의 원리가 전적으로 작동하는 경우는 어떨까? 상상하기가 어렵지만 집을 여러 채 갖고 있는 할아버지에게 자식이 여러 명 있는데, 제일 큰 집을 물려주는 상황을 떠올려보자. 노력에 대한 보상이라면 자식 중 가장 돈을 잘 버는 집에 줘야 할 것이다. 교환거래의 경우라면 할아버지에게 가장 용돈을 많이 드리는 자식에게 줄 수도 있겠다. 그런데 손주가 제일 많은 집에 가장 큰 집이 필요할 것이라 여겨 해당하는 자식에게 물려주고, 다른 형제자매들도 이에 불만이 없다면 참으로 화목한 집일 것이다. 이런 경우엔 주택이 '호혜성과 자발성'의 원리로 배분된다고 할 수 있겠다.

국가의 역할이 전혀 없는 시장의 경우는 상상하기 어렵다. 구조물의 안전문제나 상하수도 등의 기반 시설을 오로지 자유방임 시장에서의 수요와 공급의 논리대로만 풀어내서 지을 수 있을까? 시장이 제대로 작동하려면 정보의 비대칭성이 해소되어야 한다는 것이 경제학의 기본 이론이지만, 주택은 정보가 대칭적이기 힘든 대표적인 재화다.

그러니 국가(A)든, 공동체(E)든, 시장(G)이든, 주택의 계획-건설-공급-배분의 모든 단계를 단 하나의 영역에서 전적으로 책임지

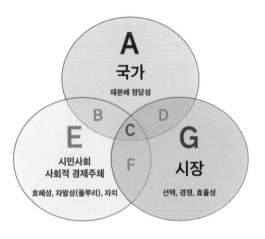

국가, 사회, 시장의 작동 원리와 영역 중첩	
A. 국가, 또는 공공부문	선출된 권력의 정당성으로 세금을 걷고 자원을 재분배한다.
E. 사회부문	호혜성과 자발성에 기초하여 자치 질서로 운영된다.
G. 시장부문	경쟁과 선택에 기초하여 자원을 분배하고 효율성을 추구한다.

는 사례는 자본주의 사회에서도 찾아보기 힘들다. 국가와 시장이라
는 영역이 단계별로 어느 정도 역할을 나눠 맡고 협력하는 것이 현
실이다. 그리고 그 협력체계에 사회부문도 동참하는 것이 사회주택
이다.

　앞의 그림으로 보면 사회주택은 B, C, F의 영역에 해당되는 주
택이다. 공공주택은 '국가'가 나머지와 중첩된 B, C, D의 영역이다.
여기서 B, C 영역은 공공주택과 사회주택이 겹치는 부분이다. 앞서 페스토프의 삼각형에서 공공부문과 사회부문의 공통점으로 비영리성이 있었으니 자연스러운 일이다.

D 영역 즉, 공공주택이긴 하지만 사회주택이라 보기 어려운 주택은 어떤 경우일까? 공공이 지은 뒤 분양하고, 첫 번째 분양자가 훗날 시장에 집을 팔게 되는 공공분양주택이 여기에 해당될 수 있다. 또는 일반 기업이 영리 목적으로 짓는 주택에 공공이 지원을 하는 경우도 있겠다. 후자에는 박근혜 정부 시절 도입된 '뉴스테이'와 이를 계승한 문재인 정부의 '공공지원 민간임대주택'이 해당된다.

사회주택이지만 공공주택이라고 보기에 어려운 F 영역의 주택은 무엇일까? 개념상으로는 '공공의 지원을 전혀 받지 않고 개인들이 협력해 시장의 기능을 활용하여 짓는 주택'들이 될 것이다. 가령 협동조합이 별다른 정부 지원 없이 조합원들의 출자금과 자체 신용만으로 집을 마련하여 사는 경우다. 또는 공식적인 조직 형식을 갖추지 않아도, 마음이 맞는 친구와 전세금 정도의 돈을 갹출하여 작은 땅을 사서 지었던 이른바 땅콩주택도 여기에 해당된다. 이런 경우는 애초에 공공으로부터 독립적이기를 선택한 것이니, 공공 정책 차원에서 크게 다룰 필요가 없는 주택들이다.

정책 차원에서 어떻게 진흥할지 적극적인 고민이 필요한 영역은 모든 것이 중첩된 C 영역이다. 이 영역에 해당하는 주택은 공공의 제도적, 재정적 지원을 받고 시공은 대부분 영리기업에 맡기며, 시중의 일반적인 은행의 돈을 빌리고 투자도 받는 사회주택들일 것이다. 현재 한국의 사회주택이 제일 많이 분포하는 영역이다.

주택을 둘러싸고 세 영역의 역할이 조화를 이룬다는 점에 주목하여 한국식 사회주택의 개념적정의를 내려보자. 사회부문과 공공부문, 시장부문의 특징과 장점을 표현하면 되겠다. 사회부문은 '호혜와 연대', 공공부문은 '선출된 권력의 정당성을 바탕으로 하는 지원과 이에 비례하는 감독', 시장부문은 '선택과 효율성' 등이 핵심 가치일 것이다. 이를 종합하면 3자 협력의 정신이 드러나는 사회주택의 개념적정의를 다음과 같이 내릴 수 있지 않을까.

"호혜성을 바탕으로 공공의 지원을 활용하여 주거 선택권을 확장하는 주택"

아쉽게도 현실에서는 3자 협력이 가진 긍정적인 측면보다 '사회'라는 단어에 대한 거부감이 강하게 작용하는 듯 하다. 사회주택의 정의와 요건, 지원 및 감독에 관한 내용처럼 법제화하려는 〈민간임대주택에 관한 특별법〉 개정안은 국회에서 몇 년째 계류 중이다. 소관 상임위인 국토교통위원회에서는 문제없이 통과되었지만, 국회 법제사법위원회의 문턱을 넘지 못하고 있다.

반대하는 법사위원들의 대표적인 논리는 이렇다. 사회주택이 "헌법 가치와도 문제"가 되며 시장경제에 대한 "구축驅逐효과가 있기 때문"[4]이라는, 말하자면 사회주택이 '반헌법적인 주택'이라는 것이다. 이 오해를 어떻게 풀어야 할지 당혹스럽고 난감하다.

요즘은 사회라는 단어에 열광하지도, 거부감을 느끼지도 않는 사람들이 점점 더 늘어나고 있다. 소셜 다이닝, 소셜미디어, 소셜 네트워크서비스를 말할 때의 '소셜'은 거부감 없이 잘 쓰이고 있다. 조례나 법률로 공식화된 사회주택이 아니더라도, 민간이 자발적으로 나름의 가치를 추구하는 넓은 의미의 사회주택은 계속 증가하고 있고 주거 문제의 대안으로 꾸준히 시도되고 있다. 이러한 현실의 변화를 조만간 법률도 쫓아오리라 기대해본다.

이름은 사회주택이 아니어도 괜찮다

여기서 두 가지를 강조하고 싶다. 첫째로, 사회주택이라는 명칭을 고집할 필요는 없다. 이름보다 중요한 것은 실체다. 이름의 유래를 따지자면 '빌라'는 로마시대 상류층의 고급주택이었고, '아파트'의 어원은 '쪽방'에서의 '쪽'에 해당했다. 그러나 21세기 대한민국에서 둘의 처지는 정반대다. 물론 이름도 올바르게 사용되어야 하겠지만, 사람들이 실제로 어떻게 받아들이느냐가 현실에서 더 큰 힘을 발휘한다.

만약 주택 공급이나 운영 과정에서 풀뿌리 영역의 역할은 딱히 없고, 공기업 혼자 모든 역할을 다 하는데도 불구하고 이름만 '사회주택'이라고 한다면 무슨 의미가 있을까.

그에 비하면 법적으로는 공공주택으로 분류되더라도, 실제로 공공(P)-사회(S)-시장(P)의 세 영역의 장점을 살려 지역 주민들의 삶의 질을 잘 챙기는 것이 '사회주택의 정신'에 더 가까울 것이다.

둘째로, 국가, 시장, 풀뿌리의 세 영역의 바람직한 균형의 지점은 삼각형의 정중앙이 아닐 수도 있다. 주택을 계획, 공급, 배분, 관리하는 과정에서 시대와 상황에 맞춰 특정 부문이 다른 부문보다 더 많은 역할을 맡을 수도 있다.

역할 분담의 방식도 다양할 수 있다. 3자가 협력하기 위해 반드시 함께 기획하고, 건설비와 땅값을 모두 나누어 내지 않아도 된다. 공공의 토지 위에 사업자가 집을 지을 수도 있고(토지 임대부 사회주택), 공공의 보증을 바탕으로 사업자가 대출을 받아 건물을 짓거나 땅을 살 수도 있고, 공공이 대부분의 재원을 투입해서 짓되 사업자는 기획과 운영만 맡을 수도 있다(사회주택리츠). 초기에는 운영만 위탁받다가 차츰 역량을 갖추는 대로 주택의 기획과 공급에도 참여하는 식으로, 신규 참여자와 중견 사업자들의 역할이 달라질 수도 있다.

이제 우리는 한국에서 사회주택의 개념이나 용어가 잘못 쓰이고 있는 것 아니냐는 의문에 답할 수 있겠다. 공공주택과 비교해서 무엇이 더 큰 개념인지, 다른 나라와 비교해서 우리는 왜 다른지가 중요한 게 아니다. 한국에서 사회부문은 공공과 시장 사이에서 이제 걸음마를 내딛었지만, 도시화가 포화 상태에 다다르고 고령화와 기후 위기가 닥친 시대에 그 역할은 더욱 중요해질 것이다.

그리하여 사회주택은 사회부문을 포함한 세 부문이 각자의 장점을 최대한 살릴 수 있는 방향으로 역할을 나눠 맡아, 우리 사회의 문제를 잘 해결하기 위해 '3자가 협력하는 주택'이라는 점이 그 정의이자 의의인 것이다.

2
한국 사회주택의
유형

한국의 사회주택에는 여러 유형이 있고 각각의 장단점이 있다. 새로운 시도를 하면서 생기는 시행착오를 극복하고, 다양한 주거 수요에 대응하는 효과적인 방법을 찾다 보니 여러 가지 모델이 나왔다. 이를 살펴보는 것은 정책의 우선순위를 고민해보기 위한 목적도 있지만, 이 책을 읽는 독자들 중 사회주택에 살고자 하는 이에게 유용한 정보가 될 수도 있겠다.

사회주택의 유형

셰어하우스, 원룸, 아파트 등 건축물의 형태에 따라 사회주택을 구

건축물에 따른 유형	내용
비주택형	상가건물의 고시원 등을 리모델링하여 셰어하우스로 공급하는 형태
단독주택형	빈집을 리모델링하여 셰어하우스로 공급하는 형태
다세대주택형	신축 빌라나 도시형생활주택 등
아파트 단지형	아파트 및 커뮤니티시설이 포함된 단지형

건축물에 따른 사회주택 유형

분해보면 위의 표와 같다. 상업용 건물에는 고시원 리모델링을 통해, 저층 주거지에는 단독주택이나 다세대주택 형태로, 상대적으로 번화한 지역에는 큰 규모의 도시형생활주택으로, 택지개발지구에는 아파트 단지 형태로 공급하고 있다.

고시원을 리모델링한 셰어하우스는 입주자 측면에서 아주 오랜 기간 거주하기보다 이동성이 높은 1인가구가 살기 적합하다. 또한 공사 기간이 짧으며, 향후 수요 변화에 따라 다른 용도로 변경하기 쉬운 탄력성이 장점이다.

원룸이나 투룸 형태의 다세대주택 또는 도시형생활주택은 대부분 토지 임대부나 매입임대주택으로 지어지는데, 공공의 사각지대를 보완하는 의미가 크다. 현재 공공주택은 한국토지주택공사나, 서울주택도시공사, 경기주택도시공사^{GH}가 다인 가구를 위한 아파트 형태의 주택을 주로 중·대규모의 신규 택지개발 사업 방식을 통해 공급한다. 이에 비해 사회주택은 중소 규모의 작은 필지로 구성된 저층 주거지의 주거 환경 개선과 1~2인 가구를 위한 주택을 담당하는 셈이다.

뒤에서 자세히 살펴보겠지만, 이런 건축 유형은 커뮤니티 공간이 특히 자랑거리다. 입주민만을 위한 공간은 물론, 1층과 옥상에는 외부인도 출입할 수 있는 공간을 운영하면서 지역사회에 활력을 불어넣는다. 그 덕분에 도시재생의 '앵커시설(마을회관, 공동작업장이나 부엌 등 주민 활동의 거점 공간)'로써의 역할도 가능하다.

아파트나 아파트 단지로 지어진 사회주택은 아직 많지 않다. 대규모 택지개발 사업에 참여하기에는 사회주택 사업자들의 초기 자본력이 부족한 측면도 있다. 최근 서울에선 신규 택지개발 사업 자체가 거의 없다 보니 주로 서울에서 활동하며 다양한 주거 관련 서비스 결합을 도모했던 사회적 경제주체들은 아파트를 지을 기회가 없었다.

사회적기업 더함은 자체 브랜드 위스테이로 뉴스테이 사업에 참여하여 경기도 남양주 별내와 고양 지축 두 곳에 아파트 단지형 사회주택을 공급했다. 이곳들은 여느 아파트 단지보다 커뮤니티 공간을 많이 두고, 주민 활동을 장려하여 일자리를 창출하며 생동감 있는 사회주택 마을이 되었다. 위스테이 별내는 이를 인정받아 2021년 제25회 살기 좋은 아파트 선발 대회(국토교통부 주최, 매일경제 등 주관)에서 주거 혁신 부문 특별상을 받았다.

'건물'과 '토지'의 지분 소유관계에 따른 분류

보통 민간임대주택, 즉 전월세 집이라면 소유자와 운영자가 일치하고 땅 주인과 건물 주인도 대체로 동일하다. 그런데 꼭 그러라는 법은 없다. 부동산의 소유자와 운영자가 다를 수도 있고, 건물과 토지의 주인이 다를 수도 있다. 사회주택은 시세보다 저렴한 임대료를 추구하고 커뮤니티를 활성화하기 위해 공공과 사회적 경제주체가 협력 방식을 다양하게 모색하다 보니 여러 조합이 시도되었다. 이런 차원에서 사회주택의 유형을 분류하면 크게 다섯 가지로 나눌 수 있다.

빈집이나 고시원을 빌려 리모델링한 뒤 다시 세를 놓는 '전대형'은 초창기 조례 제정 이전부터 사회적기업이 지역문제 해결에

지분에 따른 유형	내용
전대형(+리모델링형)	타인의 건물을 전체 임대하여 (리모델링하고) 재임대하는 유형.
위탁운영형	공공주택의 운영관리 업무를 위탁받는 유형.
토지 임대부형	토지 지분은 공공 소유, 건물 지분은 사업자 소유인 경우(지분분리형).
공동출자형	토지와 건물의 소유권이 분리되지 않는데, 그 지분을 공유하는 형태 (지분공유형, 리츠 방식 등).
자체 소유형	모두 사회주택 사업자가 소유하는 형태.

지분에 따른 사회주택 유형

나섰다가 발굴해낸 모델이다. 사업 초반에는 높은 비중을 차지했다가 최근엔 신규 추진이 거의 없어졌다.

'위탁운영형'은 서울시의 사회주택 도입과 거의 동시에 박근혜 정부에서 '사회적 주택'이라는 이름으로 도입되었다. 저층 주거지에 지어진 다세대주택을 공공이 매입해서 임대주택으로 운영하는 매입임대주택이 있었는데, 이 운영을 사회적 경제주체에게 맡기는 방식이다.

서울시 조례로 제도화된 '토지임대 – 건물 신축형'은 한때 주력으로 떠올랐으나 지금은 신규 공고가 나오지 않고 있다. 사회주택보다 늦게 도입된 전세보증금반환 보증제도와 충돌하는 점도 있고, 사업자의 초기비용 회수 속도가 느려서 계획만큼 많이 공급하지 못했다. 당분간 신규 추진은 중단될 것으로 보인다.

SH가 설립한 '사회주택리츠'를 통해 공급하는 사회주택은 '공동출자형'이다. 사회주택 사업자와 공공이 함께 출자하여 설립한 리츠^{RIETs}가 토지를 소유하고, 시공 회사에 공사비를 지급한다. 리츠는 부동산^{Real Estate}과 투자신탁^{Investment Trust}의 영문 첫 글자를 따서 만든 말이다.[5] 개인이나 법인 하나가 직접 투자하는 것이 아니라 여럿이 자금을 모아 부동산에 간접투자하는 회사이고, 여기 참여하는 사회주택 사업자나 공공기관은 이 리츠의 지분을 공유하는 것이니 '지분공유형'이라 볼 수 있다. 이와 달리 토지와 건물의 지분을 분리하여, 토지 지분은 공공이 가지고 건물 지분은 사업자가 가지는

(A) 공동출자 지분공유형 (B) 지분분리형 (토지 임대부) (C) 공공주택 위탁운영형 (D) 민간주택 활용형

공공지원 민간임대주택 (민특법)　공공주택 (공특법)

BO(T)　BTO

■ 공동출자(Social+Public)　□ 사경(Social)　■ 공공(Public)　■ 영리(Private)

프로그램명		A	B1	B2	B3	B4	C1	C2	C3	D1	D2
		서울 사회주택리츠	토지 임대부			공공지원형	사회적주택	공공리모델링	매입약정	비주택 리모델링 (고시원 등)	
소유관계	방식	공동출자 (리츠형)	지분구분형 (비非리츠)				역할구분형 (비非리츠)				
			토지임대형				운영위탁형			전대형	
	토지	리츠	SH	토지지원리츠	LH	LH허브리츠	SH LH	LH	(공사 기간 중 사경 소유)	SH	영리
	건물	사회적경제(사회주택 사업자)									
임대료		시세 80%					시세 50%			시세 80%	
사업자 수익		운영 수수료	자율				임대료의 40% (시세 20%)			자율	
건축 방식		자율(신축)	자율(신축)				신축	리모델링	신축	리모델링	
건축비		리츠(사업자 일부 출자)	자기자본(10%) HUG 보증 PF 대출 주택도시기금 대출				영리	LH	B2와 유사 LH	자기자본 사회투자기금 지자체 예산	
시행 (설계)		사회적경제(사회주택 사업자)					영리	사회적경제			
관련 법률		사회주택 조례, 민간임대주택에 관한 특별법 (공공지원 민간임대주택)					공공주택법			사회주택 조례	

지분 소유관계에 따른 사회주택 유형

토지 임대부 방식은 '지분분리형'이라고 할 수 있다.

이외에도 지자체별 자체 상황에 맞는 별도 모델을 개발하기도 한다. 사회주택이라는 이름은 쓰지 않더라도 사회적가치를 추구하는 민간 주체들과 함께 3자 협력 방식의 장점을 공공주택에 도입한 유형들인데, 구조는 앞의 경우를 크게 벗어나지 않는다.

유형들을 도식화하면 앞 그림과 같다. 가장 왼쪽의 (A)는 소유 지분이 섞였지만 토지와 건물을 통으로 다루는 '공동출자-지분공유형'이고, (B)는 토지는 공공 소유, 건물은 사업자 소유인 '지분분리형'이다. (C)는 공공주택의 운영을 책임지는 '사회적 주택'이나 '운영약정 매입임대주택'이고, (D)는 빈집이나 고시원 리모델링의 경우처럼 민간의 부동산을 재임대하는 전대형 모델이다.

기획, 공급과 운영 등 사업 단계별 역할에 따른 분류

주택의 사업 단계 즉, 토지 물색, 토지 확보, 주택의 기획과 설계, 시공, 건물 소유, 운영 단계별 역할에 따라 사회주택의 유형을 구분할 수도 있다. 이를 표로 나타내면 다음과 같다.

첫째 '기존매입임대 단순 운영관리 위탁형'은 앞의 '사회적 주택'에 해당된다. 사회주택 사업자로서 공급 역량이나 초기비용 부

유형	사업 단계						비고 비고	
	토지 선정	토지 소유	기획·설계 (시행)	건설 (시공 발주)	건물/ 토지 소유	운영 관리		
단순 위탁	영리	영리	영리	영리	공공	사경	B(영리) T(공공) O(사경)	기획 운영 불일치
공공주택 참여	공공	공공	사경	공공	공공	사경		
매입 약정	사경	사경	사경	사경	공공	사경	B(사경) T(공공) O(사경)	기획 운영 일치
공공토지 임대	사 경 / 공 공	공공	사경	사경	건물:사경 토지:공공	사경	B(영리) O(사경) T(공공)	
공동출자 (소셜리츠)	소셜 리츠	소셜 리츠	사경	소셜 리츠	소셜 리츠	사경	공공: 전략 출자 사경: 운영 출자	

단계별 역할에 따른 유형	내용
단순 위탁	기존 공공주택의 운영만 '마지막 단계'에서 맡는 것.
공공주택 참여	공공주택의 기획 단계부터 참여하고 운영관리도 맡는 모델.
매입 후 운영위탁 (매입약정형)	위치와 건물을 기획해서 공공이 심사한 뒤 매입을 약정하면, 이를 짓고 공공에게 매각한 뒤 운영을 맡는 모델. BTO에 해당.
공공 토지 임대	앞서의 토지 임대부 방식인데, 기존 공공의 토지에 대한 공모에 참여하거나 사업자가 후보지를 제안하는 경우 모두 포함한다. 토지 임대 종료 후 공공이 주택을 매입하는 경우라면 BOT에 해당.
공동출자 (소셜리츠)	리츠 등 합작회사를 설립하여 이 조직에서 기획과 건설, 소유와 운영을 모두 책임지는 모델에 사회적 경제주체가 기획 및 운영 출자자로 참여하는 모델.

단계별 역할에 따른 사회주택 유형

담은 전혀 없지만, 기획 주체와 운영 주체가 불일치해서 생기는 단점이 있다.

둘째는 아직 현실화되지 않은 모델로, 공공이 처음부터 건물을 소유하고, 주택의 기획과 운영을 사회적 경제주체가 책임지는 유형이다. 사회주택 사업자는 자본력이나 시공 관리능력이 크게 필요 없으며 기획과 운영만 잘하면 되는 모델이다. 처음부터 끝까지 공공주택이므로, 사회주택 사업자는 기획과 설계비용 및 운영 수수료를 받고, 시공 단계와 완공 후 등기는 공공의 몫이다. 법적으로는 공공주택이지만 현 단계에서 사회주택의 취지를 살리면서도 안정적인 공급이 가능한 방식으로 보인다. 택지개발지구에서도 가능하고, 토지은행 제도를 활용한다면 공공이 선매입하거나 사업자가 제안하는 토지를 매입해 진행할 수 있을 것이다.

셋째는 매입 약정 제도를 활용했기에 '매입약정형' 사회주택이라고 부른다. 운영 주체가 자신의 운영 취지에 맞게 주택을 기획해 공급하면, 공공이 이를 매입하는 것이다. 그래서 사업자가 완공 직후 건설 비용을 회수하고, 이후 운영을 책임지고 맡는 방식이다. 사회기반 시설에 대한 민간투자법에 근거한 기존의 공공-민간 협력사업의 용어로는 BTO^{Build-Transfer-Operate} 방식에 해당한다고 할 수 있다. 공공이 토지와 건물을 모두 소유하므로 공공주택 참여형과 함께 법적으로 공공주택이다.

그런데 매입약정형은 공공주택 참여형과 달리 토지 확보나 등

기상 원시취득을 사회주택 사업자가 하고, 짓고 난 뒤 공공에게 매각할 때 등기를 이전하기에, 초기에 토지를 매입할 비용과 건설할 자금을 모두 준비해야 한다. 취등록세와 양도세 역시 내야 하므로 다른 유형에 비해 사업자의 초기 재무적 부담이 크다. 주택건설비용만 부담하면 되는 토지 임대부와 비교하면 대체로 2배 이상의 돈이 필요하다. 대신 주택 완공 직후 공공이 건물을 매입하므로, 임대료 수입으로 건설 비용을 충당해야 하는 토지 임대부보다 자기 자본 회수가 훨씬 빨라서, 다음 사업을 진행하기 용이하다. 처음에 자본 조달을 할 수 있다면 토지 임대부보다 사업 확장이 더 빠를 수 있는 모델이다.

한편 매입약정형은 타인이 지은 건물을 위탁받아 운영하는 사회적 주택과 달리, 자신이 운영할 집을 직접 기획해서 공급하고 운영해야 한다. 사업자로서는 (과거에는 불가능했던) 기획 취지에 맞춰 만든 공간에서 내실 있는 운영을 할 수 있고, (과거에는 그럴 유인이 덜했던) 품질관리나 공실 방지에 더 책임 있게 나서게 된다.

넷째는 토지 임대부 방식이다. 현 제도에서는 토지주가 공기업인지, 공기업이 설립한 리츠인지에 따라 토지 임대 기간이나 임대료율, 사업 종료 후 청산Exit 방식에서 다소 차이가 있다. 여기서 청산이라는 건 토지 임대 기간이 끝났을 때 어떻게 하냐는 것인데, 공공이 건물 지분을 매입하게 되면 기존의 공공-민간 협력사업의 용어로는 BTO가 아닌 BOT 방식이 될 것이다. 또는 반대로 사업자가 토지의 우선 구매권을 가지게 할 수도 있는데, 현재 우리나라에서 가장 오래된 사회주택도 아직 토지 계약이 20년 넘게 남았으니 그사이 제도가 어떻게 변할지는 모르겠다.

마지막은 공동출자한 조직이 처음부터 후보지를 물색하고 토지도 매입하고 공사비도 모두 책임지는 방식이다. 서울시는 SH를 통해서 '사회주택리츠'라는 이름으로 운영했고, 경기도는 GH가 모델을 추진하고 있지만, 중앙정부 차원에서는 아직 시도한 바 없다. 향후 사회부문이 주도적으로 리츠를 구성하는 경우가 생긴다면 이를 '소셜리츠'라고 부를 수 있겠다.

위의 유형 중 단순 위탁형을 제외한 2번~5번에 해당하는, 기획과 운영 주체가 일치하는 유형 모두를 향후 사회주택의 주요 모델로 발전시키면 좋을 것이다. 그 외 후보지 선정이나 토지나 건물의 소유관계 등은 모두 장단점이 있기에, 입지 조건이나 대상 계층 및 공공과 민간의 자원의 성격에 따라 적절히 고르면 될 것이다.

입주자의 역할에 따른 분류

사회주택은 입주자가 공급과 관리자의 역할을 하는지 그 여부에 따라 '임대사업형'과 '당사자 협동조합형'으로 나눌 수 있다.

임대사업형은 사업자와 입주자가 분리되어 말 그대로 사업자가 임대 사업을 하는 형태이다. 주로 사회적기업이 공급하는 경우지만, 유니버설하우징협동조합, 마을과집 협동조합처럼 사업자의 이름이 협동조합이어도, 입주자가 조합원으로 가입하는 것이 아니라면 임대사업형에 해당한다.

당사자 협동조합형은 입주자들이 당사자로서 조합원으로 참여하는 조직이 주택의 운영 또는 공급과 운영을 책임진다. 함께주택 협동조합, 민달팽이주택협동조합, 탄탄주택협동조합같은 경우다.

두 가지를 결합하여 시간의 흐름에 따라 성격이 변하도록 설계된 경우도 있다. 위스테이는 현재 '공동출자형'이다. 중앙정부가 뉴스테이 방식으로 추진하는 사업이었기에 앞서 말한 '소셜리츠' 방식에 딱 들어맞지는 않지만, 사회적기업과 공기업 등이 공동으로 출자하여 사업을 진행했다. 그런데 입주 후에는 주민들이 결성한 사회적협동조합도 지분을 확보하여 소유 구조에 참여했다. 먼 훗날에는 이 사회적협동조합이 지분을 전부 확보하는 것도 가능한데, 아직 확정된 계획은 아니라고 한다.

3
사회주택의
등장 과정

사회주택의 유형이 이렇게 많다는 것은 그만큼 성공적인 유형이 아직 없다는 방증일지 모른다. 다른 한편으로는 3자 협력 방식을 시도하면서 새로운 방식을 계속 발굴했다고 볼 수 있다. 특별히 문제가 있어 폐기해야 할 모델이 아니라면, 여러 상황과 맥락에 맞춰 대입할 해법들로써 의미가 있겠다. 이런 다양한 모델들은 어떤 문제를 해결하려는 노력 속에 나오게 됐는지 그 맥락을 살펴 교훈과 시사점을 얻어보자.

태동기: 자체 소유형과 전대형

서울시 조례 제정으로 법제상의 사회주택이 가능해진 2015년 이전에도 우리에게 개념상의 사회주택은 있었다. 1970년대 독일 구호단체의 후원을 받아 시흥에 지은 '복음자리' 마을이 있었고, 더 거슬러 올라가면 일제강점기 때도 도시로 몰려온 노동자들을 위해 종교 단체나 '주택구제회'[6]가 공급한 주택과 같은 지금의 사회주택의 원형에 해당하는 것들은 있었다.

그러나 지금의 사회주택과 직접적인 관련이 있는 것은 2000년대 이후 시도된 풀뿌리의 실험들이다. 이때의 실험 성과들을 바탕으로 공공부문과 사회부문이 사회주택에 관한 조례를 만드는 데 자신감을 얻었다. 공공의 지원이 없던 초반에는 공급자들이 건물을 직접 소유한 형태인 자체 소유형과 민간 소유 건물을 빌려 재임대하는 전대형 방식을 시도했다. 당시의 땅콩주택이나 공동체 주택 등은 일반 주택을 사기엔 돈이 조금 부족하거나 마음에 맞는 사람들끼리 모여 살고 싶은 이들이 자발적으로 만들어낸 사례들이다.

이런 2000년대 이후의 흐름들이 2010년대에 접어들면서 좀더 구체적이고 다양한 결실을 맺기 시작했다. 여기엔 2007년의 사회적기업육성법과 2012년의 협동조합기본법 제정의 영향이 컸다. 법적으로 조직의 근거가 더 튼튼해진 소셜벤처나 사회적기업, 협동조합, 비영리조직이나 자발적 공동체가 일을 도모하기가 쉬워졌다.

이에 따라 관심 분야나 경험에 따라 다양한 취지에서 출발한 사례들이 생겨났다. 예컨대 주거복지 차원의 가치를 추구한 활동가들이 먼저 나선 경우, 새로운 형태와 방식에 대한 실험에 의기투합한 사람들이 모여 집을 지은 경우, 고시원 업주에게 제안하여 일괄 임대인 '마스터 리스Master Lease' 형태로 빌려서 내부를 리모델링하여 셰어하우스 형태로 공급한 청년 창업인의 경우 등이다. 이들이 뿌린 씨앗은 2015년 이후 서울시 사회주택의 싹을 틔우게 된다.

조례 제정 과정에서 제도화된 세 가지 유형
: 빈집 살리기, 비주택 리모델링, 토지 임대부

먼저 서울시의 조례 제정 과정에서 전대형 중 '빈집 살리기형'과 고시원을 대상으로 한 '비주택 리모델링형'이 사회주택의 유형으로 포괄되었다. 제도의 주요 내용은 임대료(시세 80% 이하), 임대 기간(건물주-사업자 사이 6년 이상 임대계약), 커뮤니티 공간 운영과 같은 일정 조건을 충족하면 공사비 일부를 보조하고 일부는 대출해주는 것이었다.

사회적기업 두꺼비하우징은 '빈집 살리기'를 의욕적으로 추진했다. 뉴타운 해제 지역의 노후화된 주택이나 여러 이유로 비어 있던 주택 중에서, 사업의 취지에 동의하는 소유주와 협약을 맺고 주로 4~5인 가구가 살던 단독주택을 리모델링하여 1인가구들을 위한 셰어하우스로 바꾸었다.

고시원은 대체로 수험생을 위한 공부 목적의 공간이었으므로 법적으로나 실제로나 주택 즉, 집은 아니었다. 그런데 점차 고시원에서 숙식을 해결하는 경우가 많아져 이를 '다중생활시설'이라고 분류하여 건축법으로 규율하고 있었다. 서울 신림동에는 이런 고시원들이 집중적으로 몰려 있어 아예 '고시촌'이라고도 불렸는데, 2017년 사법고시 폐지를 앞두고 2010년도부터 사법고시 인원을 단계적으로 줄여나가자 고시촌의 모습도 변화하기 시작했다. 수험생들이 빠져나간 자리는 도시 근로자를 비롯한 1인가구로 채워지거나 일부 고시원에서는 공실률이 늘어나게 되었다.

건축사무소 선랩은 주거복지 측면과 함께 지역과 공간의 재생을 고민하던 중 고시원에 주목하게 되었다. 낡은 고시원을 통으로 빌려 리모델링하여 살 만한 공간으로 바꾸어 재임대하는 이 프로젝트는 서울시 사회주택 중 비주택 리모델링형의 원형이 되었다.

기존 주택을 대상으로 하는 빈집 살리기는 비주택 리모델링형보다 실내 분위기나 공용공간에서 주택이라는 안정감이 있었다. 그러나 화장실을 증설할 수 없어 화장실이 딸린 원룸 형태로 집을 공급하기가 어려웠다. 방마다 주방을 넣을 수도 없었다. 결과적으로 빈집이든 고시원이든 리모델링을 하는 유형은 모두 사업성 개선과 공용공간의 효율적인 사용을 위해 침실을 따로 쓰되 일부 공간을 같이 쓰는 공유 주택, 즉 셰어하우스 형태로 공급되었다. 그러다 보니 초창기에는 사회주택이 곧 셰어하우스라는 오해 아닌 오해를 받기도 했다.

이런 모델은 단순히 임대료를 아끼려 임차인들끼리 거실이나 화장실을 공유하는 차원을 넘어 물리적, 재무적, 인구학적인 도시계획과 도시행정 차원에서 복합적인 사회문제를 해결하는 의미가 있었다.

예를 들어 빈집이나 공실률이 높은 낡은 고시원은 공간 자원이 낭비되고 있지만, 막상 건물 소유주는 이를 고칠 자금력이나 시공사를 찾아 공사를 기획할 여력이 없는 은퇴 계층인 경우가 많았다. 청년 기업가는 공간의 새로운 쓸모에 대한 사업 아이디어와 열정은 있지만 공간과 공사비가 없거나 부족하다. 하지만 이 기업가가 소유주를 설득하여 얻어낸 장기 임차권을 바탕으로 시설 개조에 투자하고, 공공이 행정적·재정적 도움을 준다면, 지역사회의 자산이기도 한 공간 자원이 방치되지 않고, 부담 가능한 집을 찾는 1인가구들이 쓸 수 있는 셰어하우스로 재탄생할 수 있는 것이다.

이렇게 각자가 자신의 장점을 살려 협력한 결과로 도심의 주거난에 대응함은 물론, 빈집이 방치되면서 생길 수 있는 치안 문제를 방지하고 지역에 활력도 불어넣을 수 있다.

조례 이전에도 원형이 존재했던 앞선 두 모델과 달리, 토지 임대부형은 조례 제정 과정에서 사회주택 사업자와 공공이 협의하여 새로 추가되었다. 초기의 취지는 저층 주거지에 약 10~20세대 정도가 들어가는 다세대주택 형태로 지은 신축건물을 사회주택으로 공급하는 것이었다. 서울 도심은 땅값이 비싸니 공공이 땅을 사서 지역사회의 활성화나 친환경 주택, 돌봄 주택 등에 관심 있는 조직들에게 저렴하게 빌려주면, 이들이 그 위에 임대주택을 짓고 시세보다 저렴하게 공급하는 것이었다.

이에 따라 녹색친구들 성산점이 토지 임대부 1호점으로 지어졌다. 초기 토지임대료는 매입가의 1%로 책정했다. 건물 공사비의 최대 90%에 대해서는 서울시에서 사회투자기금을 저렴하게 빌려주었다. 대신 감정평가를 통해 산출한 임대료를 시세의 80%로 책정하고, 입주자에게 4회의 계약갱신권을 보장하여 최대 10년을 거주할 수 있도록 했다.

이 주택의 경우 토지 가격이 약 12억 원이었는데, 사업자가 초기에 이를 부담할 필요가 없고, 월 100만 원에 해당하는 토지임대료는 건물 완공 이후 주택 11호의 세입자가 평균 9만9백 원씩 부담하면 되었다. 건물 공사비는 세입자가 내는 임대료로 상환해나가면 되니, 사업자 측에서 계산해보면 시세 70% 수준의 임대료 책정이 가능했다.

이와 같은 방식으로 만들어진 사회주택은 함께주택협동조합의 함께주택 3호점, 서울소셜스탠다드의 청운광산, 녹색친구들 행

청운광산 외관(출처: 서울소셜스탠다드)

운점과 창천점, 유니버설하우징협동조합 유디하우스 수유점, 완두
콩주택협동조합 완두콩 1·2호점, 안테나 아츠스테이 성산, 아이부
키 홍시주택, 한국해비타트의 알콩달콩 주택, 두꺼비하우징의 콘체
르토 장위 등으로 9개 사업자, 16개 사업지에 222호가 공급되었다.

초창기 유형의 진화
: 공공의 부동산 직접 매입, 공공이 설립한 리츠로 토지 매입

초창기 세 유형 모두 처음 시도된 것들이다 보니 2~3년간 사업을 진행하며 문제점들이 드러났다. 리모델링형의 경우 건물주와의 계약기간인 6년이 너무 짧다는 지적이 있었다. 사업자는 초기 투자비를 어느 정도 회수했다고 해도, 공공이 리모델링비의 80%까지 지원했는데 6년 뒤 재계약을 하지 않으면 건물주의 자산가치만 올려주고 끝나는 것 아니냐는 것이었다. '공공의 지원'과 '실현되는 공공성'이 비례하는지 지적하는 합당한 문제 제기이지만, 실제 사례들을 놓고 딱 떨어지게 판단하기는 쉽지 않았다.

한편 사회주택에서도 공실률이 문제가 되었는데 특히 빈집 리모델링형의 경우가 그러했다. 애초 집이 비어 있게 된 입지 조건이나 주변 환경의 문제는, 낡은 집을 잘 개보수하고 저렴한 임대료를 책정한다고 해결되는 것이 아니었다. 전대형 사업에서는 건물주-사업자-세입자 사이의 복잡한 이해관계 속에 공공이 개입하여 감독하기 어려운 부분들도 있었다. 그러다 사고가 터지기도 했다(4장 3챕터 '사회주택의 아픈 손가락' 참고).

이에 서울시는 2019년 이후부터 신규 진행 사업에 대해서 고시원이나 빈집을 아예 매입한 뒤, 리모델링이나 철거-신축 후 운영을 위탁하는 방식으로 전환했다. 도시 공간구조의 변화나 수요의 변화에 탄력적으로 대응할 수 있다는 점, 최저주거기준 이하의 열악한 주거 환경을 개선한다는 점과 셰어하우스에 대한 일정한 수요에 부응한다는 점에서 리모델링형이 가지는 장점을 살리면서도, 투입한 공공자금과 지역사회의 주거 환경 개선의 성과가 사적인 건물주의 자산가치 증대로만 이어지고 6~8년 뒤에는 사업이 중단되지 않도록 공공이 직접 부동산을 소유하기 위함이었다. 이렇게 고시원 건물과 빈집을 매입한 경우는 이전의 빈집 살리기와 구분하여 '빈집 활용형' 사회주택이라고 부른다.

이 모델의 장점은 공공이 기존에 매입한 토지로 사업을 공모하므로 사업자의 초기 매몰비용 부담이 적다는 것이다. 기존 토지임대부나 토지지원리츠 사업은 사업자가 희망 토지를 물색하고, 세 가지 계획(건축계획과 커뮤니티 운영계획, 이에 따른 현금흐름 등의 재무계획)을 세워, 공공의 심사에 합격할 경우 토지를 매입했다. 사업자로서는 심사에서 떨어질 수도 있으니 미리 땅을 사 놓기는 곤란하고, 심사를 거치는 과정에서 토지주의 변심으로 땅이 다른 데 팔리는 등의 어려움을 겪었다. 결국 공공 입장에서는 계획대로 실적을 달성하지 못하고, 사업자의 입장에서는 이미 투입한 기본 설계비용, 공모 응모를 위해 서류를 준비한 비용을 손해 보는 경우가 생겼다. 그런데 공공이 먼저 토지를 확보한 다음 진행하는 빈집 활용형에서는 이런 이유로 투입 비용을 날리는 걱정은 하지 않게 된 것이다.

한편 SH가 토지주 역할을 하던 토지 임대부 사업은 2018년 이후 공공기관들이 공동출자한 리츠가 토지주 역할을 하는 토지지원리츠 사업으로 전환된다. 부동산투자회사법에 따라 중앙(주택도시기금)과 지방(SH)이 공동출자하여 설립한 주식회사가 토지주 역할을 하게 된 것이고, 사업 구조는 토지 임대부와 동일하다.

이렇게 리츠가 토지를 매입하도록 한 이유는 땅값이 비싼 서울에서 서울시의 예산만으로는 땅을 사는 데 한계가 있어서다. 시 예산 외에도 주택도시기금 등 다양한 재원을 동원하기 위해 리츠의 틀을 활용한 것이다. 다만 일반적인 리츠는 앞서 사회주택리츠처럼 토지와 건물의 지분 모두를 소유하는데, 이 리츠는 토지만 소유한다는 차이가 있다. 서울시와 주택도시기금이 1:2의 비율로 출자한 돈으로 땅을 사니, 서울시 예산의 3배의 돈으로 땅을 살 수 있게 되었다. 덕분에 전보다 공급에 탄력이 붙을 수 있게 되었는데, 서울시의 정책 변화로 2021년 이후에는 추가 공모가 나오지 않고 있다.

이렇게 유니버설하우징협동조합의 유디하우스 망우·상계·창동점, 녹색친구들의 대조·연남점, 경성리츠의 올집네스트 1·2호점, 어울리의 에어스페이스 3·4호점, 함께주택협동조합의 함께주택 4호점 외에도 단디건설, 디딤종합건설, 공무점, 안테나 등 총 9개 사업자가 16개 사업지에 375호를 공급했다.

예산 투입의 승수효과도 상당하다. 토지 구입비만 해도 서울시 예산의 3배 어치를 확보하게 된다. 여기에 집을 짓는다고 할 때

유디하우스 망우점과 에어스페이스 신림 3호점 외관(출처: 각 유니버설하우징협동조합과 어울리)

토지가치와 건물 가치가 같다고 가정할 경우, 이 땅 위에 사회주택 사업자가 대출받아 짓는 건물의 가치를 더하면 총 6배 규모의 사업을 벌이는 것이라 할 수 있다.

이렇게 공급한 주택을 시세의 80%로 제공한다는 것이니, 시세 차이인 20%만큼은 주거 보조비를 주고 있는 효과가 난다. 결과적으로 서울시 예산 (1)에 대해서 토지가치가 (3)이고 여기에 건물 가치 (3)을 더한 주택 가치가 (6), 여기에 주거 보조비가 주택 가치의 1/4만큼 되니 (1.5)만큼 주거 보조비를 지급하는 셈이라 친다면, 서울시 예산 대비 총 승수효과는 7.5배나 된다(1+2+3+1.5=7.5).[7]

그사이 공공 토지주는 토지임대료를 받으며, 땅값이 오르면 자산가치 상승효과도 함께 누리게 된다. 사회주택협회가 최근의 감정가격을 가지고 추산한 결과에 따르면, 평균 땅값은 60%나 올랐다고 한다. 이렇게 부동산 가격이 오르는 와중에도 사회주택은 서울 시민에게 필요한, 부담 가능한 주택의 재고를 유지했다. 그럼에도 서울시가 이 사업에 더 적극적으로 나서지 않는 것은 심히 아쉬운 일이다.

그런데 토지 임대부 방식처럼 토지와 건물의 지분이 분리되는 지분분리형 모델은 여러 면에서 취약점이 나타났다. 사업자 입장에서는 토지 지분이 없으니 자산이 그만큼 줄어들어서 전세보증금 대비 부채비율이 높아지게 됐다. 그러다 보니 보증보험 가입이 어려워지고, 은행 입장에서는 토지 지분이 없는 사업자에게 돈을 빌려주기를 꺼리게 된 것이 대표적이다.

은행은 보통 대출을 해줄 때 담보를 잡는다. 그런데 사업자 소유의 토지가 아니라면 돈을 빌려주는 입장에서는 토지를 담보로 잡을 수 없으므로 난색을 표하게 된다. 토지 소유자가 공공이므로 오히려 더 안전할 수 있지만, 토지를 소유하지 못하는 바람에 절차는 보다 복잡해지고, 형식적으로는 사업자의 신용이 일반적인 개발업자보다 낮아지게 된 것이다. 토지 비용을 내지 않기에 일반적인 개발사업보다 초기비용이 덜 들어가는 한편, 그 비용을 금융권에서 조달하기가 어려워진다.

'사회주택 프로젝트 파이낸싱 보증 대출'은 서울시와 주택도시보증공사가 이런 문제를 해결하기 위해 협약을 맺어 만든 상품이다. 완공 후 현금흐름을 근거로 은행이 대출을 해주는 PF에 주택도시보증공사가 보증을 서주는 것이다. 하지만 보증 조건이 까다로운 데다 보증 대출을 다 상환하기 전에는 사업자가 자기자본을 회수할 수 없어서, 첫 주택을 짓고 난 뒤 다음 주택을 지을 종잣돈을 마련하기 어려워지는 구조적인 단점이 드러났다.

사회주택과 마찬가지로 일반적인 개발사업에서도 보통 전체 비용의 5~10% 정도의 자기자본을 투입하고 사업비는 대출을 통해 조달하지만, 분양 사업의 경우 분양 실적만 좋으면 그 분양 대금으로 대출을 모두 갚고 자기자본도 회수하여 재투자를 할 수 있다. 그러나 사회주택은 임대 사업이기에 임대료만으로 초기비용을 회수하려면 약 20년의 시간이 걸린다. 그 시간 동안 사업자는 재투자할 돈도 회수하지 못하고 서류상 부채비율이 계속 높게 나오는 어려움을 겪게 되는 것이다.

서울시 사회주택 조례에서 사업자의 범위를 일반 중소기업에게까지 확대했지만, 이러한 재무구조 때문에 이 사업에 도전하는 사업자들은 늘지 않았다. 그 대신 사명감이 투철한 조직들만 토지임대부 제도의 문제점을 보완할 개선책을 발굴하면서 토지공개념과 주거복지를 결합해보고자 하는 노력을 이어갔다.

이런 문제점들을 극복하고자 지분분리형이 아닌 새로운 방식으로 추진한 것이 지분공유형 사업인 사회주택리츠이다.

지분공유형 모델의 등장(공공 – 사회 공동출자, 토지 – 건물 지분 공유)

2017년에 등장한 사회주택리츠는 공공과 사회주택 사업자가 공동출자한 리츠가 주택을 기획, 공급, 운영하는 지분공유형 모델이다. SH가 일종의 전략 출자자Strategic Investor, 사회주택 사업자가 운영 출자자Operation Investor로 참여했다.

리츠는 처음부터 토지를 확보하고 사회주택 사업자가 건물 설계와 운영 방식을 기획한다. 시공사 역시 리츠가 선정하여 공사비를 지급하고, 완공 후 운영 출자자가 일정한 수수료를 받아 운영한다. 앤스페이스가 운영하는 앤스테이블과 도시융합협동조합의 쉐어원세운 등 3개 사업지에 74세대의 사회주택이 이를 통해 공급되었다.

토지 임대부 방식은 대출받은 공사비를 임대료 수입으로 상환해야 하는 사회적 경제주체의 부담이 큰 반면, 지분공유형 리츠 방식은 공사비 조달의 부담이 없고 사업자에게 부채가 생기지 않는다. 그러면서도 운영 취지에 따라 처음부터 공간을 기획할 수 있는 것이 장점이다. 운영 수수료를 받으니 현금흐름도 양호하고 추후 지분에 따른 배당도 받을 수 있다. 다만 처음에 지분으로 출자한 일정 금액은 사업에 참여하는 동안 회수할 수 없다는 부담이 있다. 그럼에도 초기 공사비를 장기간 회수하지 못해 부채비율이 높아지는 토지 임대부보다 전반적으로 유리하다.

공공 입장에서는 토지만 사주고 임대료를 받는 토지 임대부보다 초기비용이 더 들지만 그 대신 안정적인 자산을 취득하는 것이다. 사업 구조 역시 (토지 지분을 공공기관들 사이에서 나눠 가지면서 건설비 마련에도 보증 등 지원을 해야 하는) 토지지원리츠보다 더 깔끔하다고 볼 수 있다.

중앙정부 임대주택 정책의 활용: 뉴스테이와 사회적 주택

2015년 무렵 서울시의 사회주택과 별개로 중앙정부에서도 민간의 활력을 활용하여 임대주택 공급을 확대하고자 하는 문제의식이 생겨났다. 대규모 민간임대는 택지개발형 사업을 중심으로 기업형 임대 사업자를 육성하고, 중소 규모 민간임대는 사회적 경제조직을 활용해 도심 내 민간임대주택 공급 확대를 꾀하는 전략이었다.

처음에는 규모에 상관없이 두 갈래 모두 이름이 뉴스테이였다. 그런데 시행 과정에서 대규모 민간임대만 일컫게 되었고, 중소 규모의 주택사업은 '사회적 주택'으로 부르게 되었다. 뉴스테이는 문재인 정부에 들어와서 '공공지원 민간임대주택'으로 이름이 바뀌었다. 이는 토지와 건물이 민간 소유이므로 민간임대주택에 관한 특별법의 규율을 받는다.

사회주택에 대한 독자적인 법적 정의가 없는 현 상황에서, 리츠든 토지 임대부든, 사회적 경제주체가 소유권(의 일부분)을 가진 사회주택의 법적인 신분은 이 공공지원 민간임대주택이다.

이와 달리 사회적 주택이나 매입약정형과 같은 '위탁운영형' 사회주택은 토지와 건물이 공공의 소유이므로 법적으로 공공주택이다. 주택의 공급-운영 과정에 사회부문이 참여하여 사회적가치(저렴한 임대료, 커뮤니티 활동 지원 등)를 실현한다는 측면에서 사회주택의 기본 개념에 부합하지만, 공공주택 특별법의 규율을 받는다.

사회적 주택은 운영 취지에 맞춰 처음부터 집을 설계하지 못하는 아쉬움은 있지만 집을 직접 공급하고 싶지 않거나, 초기비용 부담 없이 주택의 운영관리 노하우부터 쌓고자 하는 사회적 경제주체에게는 진입장벽이 낮은 모델이라는 의미가 있다.

LH와의 협력: 토지 임대부 시범 사업과
운영약정 매입임대(매입약정-운영위탁)형 모델

LH는 2017년의 주거복지 로드맵 발표 이후 시범 사업 성격으로 토지 임대부 사회주택 사업을 진행했다. 이는 LH의 매각용 택지를 '허브리츠'가 매입하고 사회주택 사업자에게 토지임대료 2%, 임대기간 15년~20년으로 임대하는 방식으로 진행되었다. 10년 임대 후에는 사업자에게 토지 우선 매수권을 부여하여 토지를 구입할 권리를 준다. 매수 금액은 토지 대비 건축물의 기여도를 토지 가격 상승분에 반영하여 결정하는데, 매수권을 포기하면 공공이 주택을 매입하여 공공주택으로 운영한다.

고양시 녹색친구들의 녹색친구들 삼송점과 큰바위얼굴의 사례가 있고, 평택시 고덕지구에는 한솔 아이키움 컨소시엄의 아이키움보육주택 등이 공급되었다.

LH는 이를 통해 토지 임대부 방식의 장단점을 파악하고, 사회적 주택의 단점까지 보완할 수 있는 방안을 고민하게 된다. 그 결과 2020년 새로운 모델로 '매입약정-운영위탁' 주택을 내놓는다. 기존의 매입임대주택 제도에 2019년부터 매입약정 방식이 도입되었는데, 여기에 다시 사회적 주택의 운영위탁을 결합한 것이다. 즉 운영 계획을 갖춘 사업자가 주택을 지을 경우^{Build} 이를 매입^{Transfer}해주고 다시 운영^{Operate}을 위탁하는 것이다^{BTO}.

일반 매입임대주택의 운영만 사회적 경제주체에게 맡겼던 사회적 주택은 '짓는 사람 따로, 운영하는 사람 따로'인 구조였다. 이런 구조에서 공급자는 누가 어떤 취지로 운영할지 모르니 일단 일반적인 다세대주택을 짓게 된다. 그러니 운영 콘셉트에 맞는 주택 공급은 꿈같은 이야기였다.

예를 들어, 장애인 주택이나 자전거 동호회 주택으로 운영하고 싶다고 가정해보자. 그러면 복도의 폭이나 엘리베이터의 면적이 넓어야 하고 경사로도 필요하다. 일반 매입임대주택에서는 그렇게 공급하기가 힘든 데다 커뮤니티 공간을 두려면 기존의 다세대주택 중 한 집을 비워야 한다. 그러면 임대료 수입이 줄어들 뿐만 아니라 일반 주택으로 설계된 공간을 입주자의 공용공간으로 사용하면서 불편함이 생긴다.

공공 재정 집행의 효율성 문제를 지적할 수도 있다. 건물을 짓는 입장에서는 운영에 대한 책임이 없으니, 실제 수요가 없는 지역에 짓거나, 이후 하자 발생에 대한 지속적인 관리의 책임감에 벗어나 눈가림 부실시공을 하는 경우도 있었다. 그 결과, 높은 공실률과 하자로 인한 잦은 민원, 또 민원을 두려워한 공실 방치가 문제로 대두되었다.[8] 시장의 실패를 극복하기 위해 개입한 공공주택의 영역에서 민간과 공공의 모럴헤저드가 동시에 발생한 셈이다.

이런 단점을 극복하여 주택을 운영할 주체가 취지에 맞게 설계과정에서부터 참여할 수 있도록 고민한 것이 매입약정-운영위탁형 사회주택이다. 기존의 LH매입임대주택 사업에 운영할 것을 약정하여 사회주택 사업자가 참여하는 것이므로 '운영 약정 매입임대주택'으로 부르는 것이 더 적절할 것 같은데, 매입 약정 제도를 활용한 뒤 운영을 위탁한다는 개념도 있기에 이렇게 명명되었다.

장기간 부채를 상환해야 하는 토지 임대부 모델에 비해 이 모델은 완공 직후 공공이 토지와 건물을 매입해주므로 사업자 입장에서는 부담이 덜해지는 장점이 있다. 다만 사업자가 초기 건물 공사비만 마련하면 되는 토지 임대부와 달리 이 모델은 토지 비용까지 마련해야 하니 초기 자본을 2배 이상 동원할 능력이 필요하다. 사례로는 아이부키가 공급한 안암생활과 다다름하우스, 안테나의 아츠스테이 영등포 등이 있다.

2010년대의 사회 변화 속에서의 사회주택

지금까지 사회주택의 다양한 유형이 등장하는 과정을 살펴보았다. 이를 좀 더 넓은 차원의 한국의 사회경제적 변화 속에서 조망해보자. 다음 챕터에서 해외 사회주택에 대해 알아보기 전에 어떤 사회적 맥락의 차이가 있는지 미리 살펴 둔다면 좋을 것이다.

2010년대에 접어들면서 한국 사회의 경제·도시·인구 사회학적 성격은 새로운 단계로 접어들었다. 경제적·산업적 측면에서는 2007년 사회적기업육성법과 2012년 협동조합 기본법 제정 이후 부상한 사회적경제 영역의 역할이 강조되었다. 땅콩주택과 같은 풀뿌리 실험이 일어났고 이러한 노력을 제도적으로 뒷받침하는 사회적 변화가 진행되었다.

도시계획적 측면에서는 대규모 신도시 건설과 택지개발의 형태로 진행되는, 소품종 대량생산-대량공급의 '포디스트' 주택 공급 방식이 한계에 봉착하기 시작했다. 그 대안으로 기존 도시(도심) 내에서 '포스트-포디스트'라 할 수 있는 소량 다품종, 수요맞춤형 공급 방식의 필요성이 부상했다. 여기엔 뉴타운 사업이 표류하게 된 2010년대 중반의 상황과 이를 해결하기 위한 고민들도 큰 영향을 미쳤다.

뉴타운 사업은 '우리도 아파트 단지에 살고 싶다'는 사람들의 열망에 부응하여 2002년부터 시작된 도시정비사업이다. 공식 명칭은 도시재정비 촉진을 위한 특별법에 따른 재정비 촉진 사업이다. 몇몇 사례는 성공했지만 도시정책에 큰 그늘을 남기기도 했다.

정비 사업으로 인한 자산가치 상승을 기대한 많은 지역에서 사업 신청이 쇄도하고 사업 지구 지정으로 이어졌다. 그러나 2000년대 말 세계 금융위기로 부동산 경기가 침체하자 사업이 동력을 잃거나, 지정 지역에서 사업은 멈추었어도 기존의 낙후된 주택을 제대로 고치지 못하게 되는 등 여러 사회문제를 낳았다.

2000년대에는 뉴타운 지구 지정에 앞장섰던 사람이 2010년대 들어서는 지구 해제에 앞장서는 웃지 못할 일도 있었다. 2011년에는 뉴타운 출구전략이 나왔고, 2015년에는 정상 추진이 가능한 A형, 정체 구역인 B형, 추진이 곤란한 C형으로 분류해 관리하는 뉴타운 관리 대책이 발표되었다. 이에 따라 2020년에 들어서 서울 시내의 뉴타운 및 재개발 사업지 683곳 중 394곳이 지구에서 해제되었다.

사회주택을 통해 새로운 주택 공급과 관리의 패러다임으로 수요맞춤형, 소량 다품종, 소프트웨어 중심의 다양한 모델을 시도하게 된 것은 이러한 시대적 배경을 감안하면 필연이었을지 모른다.

인구 사회학적 측면에서는 인구 혼성화(1인가구화, 다문화화, 고령화)의 추세가 강화되고, 기존 공공임대주택의 대상에서 소외된 청년 1인가구 등 '신주거 빈곤계층'이 많아졌다. 이 역시 사회주택이 등장한 배경 중 하나다. 이들을 위해 사회적 경제주체가 주택을 공급하는 방안을 공공과 민간이 힘을 합쳐 모색하게 된 것이다.[9]

또한 이 시기에는 사회적금융의 발전이 이루어지고 있었다. 서울시 사회투자기금이 대표적인 사례다. 사회주택 조례가 생기기 전부터 이미 매입임대주택 사업에 관심을 두고 있었던 사회적 경제 주체를 위해 사회투자기금 내에 '소셜 하우징 계정'을 만들게 되었고, 이 역시 소셜 하우징과 사회주택이라는 명칭을 쓰게 되는 하나의 계기가 되었다.

2016년에는 한국타이어나눔재단이 사단법인 나눔과미래에 30억 원을 출연하여 '따뜻한사회주택기금'이 탄생했다. 민간 주도로 만들어진 이 기금은 건설 자금을 직접 융자해주는 사업과 함께 사업자에게는 컨설팅과 홍보 지원, 입주자에게는 보증금 대출 지원 등의 사업을 펼쳤다. 2024년 2월 기준 융자 사업은 총 69건에 199억 7천만 원, 지원사업은 총 35건에 7억 7천만 원을 집행하여 사회주택 활성화에 큰 도움이 되고 있다.

사회적으로는 '소셜'이라는 단어가 자주 쓰이기 시작했다. 소셜 다이닝, 소셜미디어 등의 용어에서 쓰는 소셜의 의미가 주택에도 번지게 되면서 '함께 교류하며 사는 주택'이라는 의미를 품게 된 것이다. 주택협동조합이나 주거 관련 사회적기업 등 직접적인 사회적 경제주체의 성장 외에도, 위와 같은 경제·사회·문화적 흐름이 합쳐지면서 한국형 사회주택이 탄생했다.

4
해외의
사회주택

나라가 경제적으로 잘살게 될수록 자가소유율이 높아질 것이라 생각하기 쉽다. 외국 사례들을 보면 실제로는 그 반대에 가깝다. 복지국가일수록 사회주택의 비중이 높고, 자가소유율은 우리와 비슷하거나 오히려 낮은 경우가 많다. 그렇다면 복지국가는 '내 집을 가진 사람이 많은 나라'라기보다 '세입자도 마음 편히 사는 나라'라고 봐야 할 것 같다. 이번 네 번째 챕터에서는 그런 나라들의 사회주택 사례를 살펴보자.

외국의 사회주택 개념과 용어

앞서 사회주택의 두 가지 개념적정의를 소개했다. 실제로 사회주택을 가리키는 용어는 나라마다 다르다. 캐나다, 독일, 프랑스, 네덜란드, 영국 등은 주로 사회주택으로 통하고 오스트리아와 덴마크는

국가명	자국어 용어	한국어 해당어	영어 번역시 용어
오스트리아	wohnungsgemeinnützig-keitsgesetz(WGG)	제한 영리 주택 또는 국민 주택	limited-profit housing or people's housing
캐나다	logement social(불) social housing(영)	사회주택	social housing
덴마크	almene bolig(er)	일반주택 (모두의 주택)	general (normal) housing
독일	sozialwohnung	사회주택	social housing
핀란드	asuntorakennustuotannon valtuuskunta(ARAVA)	정부 보조 주택	government subsidized housing
프랑스	habitations à loyer modéré, logement social	적정 임대료 주택, 사회주택(통용)	housing at moderate rent, social housing
네덜란드	social (huur) woning(en)	사회(임대)주택	social (rental) housing
스페인	vivienda de protection publica	공공 (공적) 보호 주택	publically protected housing
영국	social housing	사회주택	–
미국	public housing, affordable housing	공공주택, 부담 가능 주택	–

주요국의 사회주택 관련 용어

(출처: 독일, 네덜란드는 필자의 조사, 덴마크는 Nielsen, R. S.,& Christian, D. H. "The danish social housing sector: Recent changes and future challenges", *Critical Housing Analysis*, Volume 4, 2017, pp. 142~149., 그 외 프랑스 등은 오르나 로젠펠트, 「UNECE 지역의 사회주택」, 사회주택포럼 옮김, (사)새로운사회를여는연구원 · (사)한국도시연구소, 2017.을 토대로 수정, 보완)

국민, 일반의 의미를 담은 명칭을 쓴다(국민주택, 모두의 주택). 핀란드
나 스페인은 정부와 공공의 역할을 강조하는 이름을 쓰는데(정부 보
조 주택, 공적 보호 주택), 법적인 용어와 일상생활에서 통용되는 명칭

국가명	사회주택의 정의
오스트리아	공식 정의는 없으며, 주택시장 외에 다양한 형태의 부담 가능한 주택 공급이 존재하며, 공공지원을 받는 민간 제한 영리 영역과 공공영역이 병존.
덴마크	사회주택은 사회가족주택(Social Family Dwellings), 고령인 사회주택, 청년 사회주택의 3유형을 집합적으로 지칭하며 돌봄서비스가 있는 경우 돌봄 주택(Care Home)이라 지칭.
독일	특별한 정의가 없으며, 공공의 장려금(Föderung)을 받고 임대료와 임차인 결정 때 정부 통제를 받는 부담 가능한 주택에 대한 개념.
핀란드	국가보조금을 받으면서 임대료 규제를 받는 사회적 집(Social Home)을 의미.
프랑스	모두가 합의하는 정의는 없으나, 일반적으로 저렴한 임대주택을 의미. 공공임대주택을 의미하는 HLM(Habitation à Loyer Modéré)과 동의어처럼 사용되나, 임대주택이 아닌 사회주택의 경우도 있기에 엄밀하게는 다른 개념.
네덜란드	사회주택에 대한 단일한 정의는 없으나, 헌법에 적절한 주택(Adequate Housing)의 공급 촉진을 공공 당국(Public Authority)의 목적으로 규정하는 언급이 있으며, 「주택법」 및 시행령(BSH)에서는 주택협회(사회주택 공급자)의 요건과 의무 등을 규정했으나, 정부는 최근 '임대료 규제를 따르는 주택'으로 정의함.
영국	사회임대주택(Social Rented Housing)은 지방정부(Council Housing) 또는 '민간 등록 임대인'이 소유하며, 국가의 임대료 정책에 따라 목표 임대료(Target Rent)가 제시됨. 위의 목표 임대료를 따를 경우 지방정부 또는 HCA(Homes And Communities Agency)의 승인 하에 개인도 사회임대주택을 소유·공급할 수 있음.

주요국의 사회주택에 대한 정의

(출처: 오르나 로젠펠트, 앞의 책에서 일부 발췌)

이 다른 경우도 많다.

명칭만큼 정의도 다양하다. 단일한 정의는 없다. 법적으로는 대체로 우리와 같이 조작적정의로 갈음하고 있다. 공공이 지원하는 요건이나 절차, 인증 기준과 같이 법과 제도를 운영하기 편하도록 이름을 붙이고 정의를 내리는 것이다. 사회주택에 대한 개념적정의를 공식적으로 채택한 경우는 찾기 힘들다.

이들 역시 일상에서나 해외와 비교할 때에는 사회주택이나 공공주택을 혼용하고 있다. 그러면서 실제 국가 내에서 제도를 운영하기 위해 각국의 상황에 맞게 지원과 감독이 가능하고, 정책 효과를 낼 수 있도록 편의상의 정의를 내리고 있는 것이다.

네덜란드, 오스트리아, 덴마크 사회주택의 특징

한국보다 자가거주율이 낮은 OECD 국가는 다섯 나라다. 그중 네덜란드, 오스트리아, 덴마크는 세계에서 사회주택의 비중이 높은 것으로 1~3위를 차지한다. 세 나라는 각각 전체 주택의 1/3, 1/4, 1/5 정도가 사회주택이다.

그들의 공통적인 특징을 살펴보면 프랑스 교외(방리우) 지역처럼 세그리게이션(계층간 생활권 분리와 차별 등이 공간적으로 고착화되는

	자가 점유 (%)	사적 임대[10](%)	사회 임대 (%)	비고
네덜란드	58.3%	7.6%	34.1%	절대량 3위, '사회적기업' 중심
오스트리아	47.6%	28.8%	23.6%	공공기금 + 사회 (협동조합/기업) + 공기업
덴마크	53.2%	25.4%	21.4%	사회(협동조합/기업) 중심

유럽 주요 국가들의 주거 점유 형태(출처: OECD 2020, Affordable Housing Database)

상)이나 슬럼화로 인한 폭동이 일어나지 않았고, 임대부문 내 일정한 범위에 임대료 규제와 주거 보조비 정책이 동시에 작동하고 있으며, 사회부문이 큰 역할을 한다는 점이다.

주요한 차이점은 같은 사회부문이라 해도 그 내부에서 공급 주체의 구성이 조금 다르다는 것이다. 네덜란드의 경우 한국의 사회적기업에 가까운 주택협회Woning Corporatie들이 거의 모든 사회주택을 공급, 운영하고 있다.[11] 반면 덴마크는 협동조합의 역할이 두드러진다. 오스트리아는 (사회적)기업 및 협동조합과 함께, 앞의 두 나라와 달리 공기업이 공존한다.

이처럼 비영리-사회부문이 큰 역할을 하는 세 나라의 상황을 둘러보자.

사회적기업 중심의 네덜란드

네덜란드는 약 300개의 주택협회들이 사회주택 240만여 호를 운영하고 있다. 전체 주택 중 비중은 세계 1위이며 절대 물량은 1,700만 명 정도의 적은 인구에도 불구하고 인구의 서너 배가 넘는 프랑스와 영국에 이어 3위다.

네덜란드 주택협회들은 '연합체'가 아니라 각각의 독자적 조직으로, 한국으로 치면 사회적기업과 유사하다. 법적 지위는 재단인 경우도 있다. 사실 '결사'의 의미에 더 가까운 'Association'을 한국어로 옮기면서 '협회'로 알려졌다. 한국에서 흔히 말하는 (개별 사업자들이 모인) 협회의 의미에 더 가까운 건 전국 단위의 연합회인 에이데스Aedes다.

에이데스는 중앙정부 및 지방정부와 소통하는 통로이며, 주택협회 직원들과 단체협약 시 사측 당사자가 되기도 한다. 에이데스는 에너지 효율화 사업 같은 중앙정부 차원의 이슈에 대응하거나 유럽의 상황에 따라 초국가적 정책 지침에 대응하기 위해 유럽연합과 교섭하는 역할을 주로 하고 있다.

지방분권의 전통이 강한 나라답게 구체적인 공급 계획은 권역별 연맹체가 지방정부와 수행 협약을 통해 수립 및 집행한다. 예컨대 암스테르담 권역의 주택 계획은 9개의 주택협회가 모인 암스테르담 주택협회 연맹AFWC을 통해 지방정부와 협의하는 식이다.

오랜 역사를 자랑하는 주택협회는 19세기 후반까지 거슬러 올라간다. 건축 조합Building Society에 뿌리를 두고 출발한 초기 조직들은 중도우파의 박애주의적 흐름과 중도좌파의 사회 연대적 흐름과 함께 발전했다.

주택협회들은 매년 성과 보고서에서 6개 분야를 평가하는데, 부담 가능한 임대료를 책정하는 것은 기본사항이다. 1997년과 2001년에는 근린주구의 삶의 질에 기여하는 역할과 주택에 돌봄 서비스를 결합하는 역할에 대한 평가가 추가되었다. 이를 보면 개별 주택뿐만 아니라 지역 커뮤니티 차원에서 접근한다는 점, 주택이라는 하드웨어뿐만 아니라 소프트웨어도 신경쓰고 있다는 점을 알 수 있다.

대도시일수록 자가 소유가 어려운 것은 어느 나라나 비슷하다. 수도 암스테르담의 사회주택 비중도 40%를 웃돈다. 주택 수로는 약 19만 호다. 이는 서울의 SH가 공급한 공공주택 수와 비슷하다(다만 암스테르담은 인구가 80만 명이다). 아직까지 사회주택이나 공공주택이 시내에 골고루 자리 잡지 못한 서울과 달리, 암스테르담 사회주택은 주택협회별로 다양한 형태와 유형, 개성 있는 콘텐츠를 가지고 공간적으로도 상당히 고르게 분포되어 있다. 이는 계층 분리나 슬럼화 현상이 덜한 네덜란드 사회통합의 물리적 바탕을 이루는 배경이라 할 수 있다.

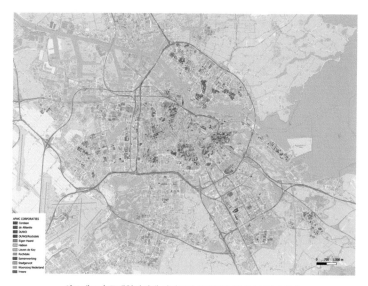

암스테르담 주택협회연맹 회원들의 사회주택 분포도(출처: AFWC)

    암스테르담 주택협회 연맹이 홈페이지에 공개한 암스테르담 및 인근 지역의 사회주택 분포도를 보자. 그림 왼쪽 하단의 범례는 공급자(주택협회)를 나타낸다. 지도에는 이들이 공급한 주택들이 색깔별로 표시되어 있다. 지역에 따라 특정 협회의 주택이 몰려 있는 경우도 있지만, 대체로 다른 주택협회 및 사적 주택들과 고루 섞여 있음을 알 수 있다. 이런 환경이라면 사회주택을 공급하는 이들도 저마다 차별화된 가치와 품질에 신경쓸 수밖에 없을 것이다.

사회부문과 공공 부문이 공존하는 오스트리아

연방제 국가인 오스트리아는 '시영 주택^{Municipal Housing}'이라 번역할 수 있는 공공부문 주택과, 다채로운 사회부문의 사회주택이 공존하고 있다. 시영 주택은 공공주택이라 불러도 무리가 없겠지만, 현지에서는 공공과 사회부문 모두를 포괄하여 사회주택이라 부른다.

　사회부문의 주택 공급, 운영 주체들은 '오스트리아 제한 영리 주택협회 연맹'(GBV, Österreichischer Verband Gemeinnütziger Bauvereinigungen)에 소속되어 있다. GBV는 1946년에 설립되어 협동조합 98개, 유한회사 77개, 그 외 10개의 총 185개의 회원을 거느리고 있다. 네덜란드의 에이데스의 역사나 규모에는 못 미치는 GBV이지만, 2015년에 설립되어 회원 조직이 80여 개가 된 한국사회주택협회로서는 꽤 부러울 상황이다.

　오스트리아의 사회주택부문은 공공도 시장도 아닌 영역으로

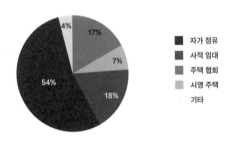

오스트리아의 주택 점유 구조(출처: Kössl, G.., "The Austrian Model of Limited Profit Housing Associations", 바르셀로나 주택혁신 포럼 2019 발표 자료)

자리매김하며, 회원 조직들을 네덜란드처럼 주택협회라고 부르기
도 한다. 그러나 공공부문의 역할이 거의 없는 네덜란드와는 달리
수도 비엔나를 중심으로 공공부문의 역할이 크다. 또한 오스트리아
는 유한회사와 같은 기업형 조직 외의 협동조합의 비중도 크다.

  국가 전체적으로 보면 약 1/4의 비영리 주택 중에서 GBV 소
속 주택협회의 사회주택은 92만 3천여 호로 전체의 17%를 차지하
고, 한국의 공공주택에 해당하는 시영 주택은 7%이다. 비엔나는 사

비엔나 시내 사회주택 분포도(출처: F.Sumnitsch 발표 자료)

회주택 비중이 전국 평균을 크게 웃돌아 43%에 달한다. 시영 주택이 22만 호, GBV 소속 주택협회들의 사회주택은 24만 호이다.

비엔나는 '세계에서 가장 살고 싶은 도시' 조사에서 지난 10년간 1위를 놓치지 않았다. 여기엔 역사가 유수한 도시의 문화 인프라나 자연환경도 큰 영향이 있을 것이다. 그것과 더불어 사회주택과 공공주택이 병존하며, 부담 가능한 주택이 시내에 고루 퍼져 있는 것 역시 중요한 배경으로 작용했으리라 추측해본다.

강한 협동조합의 전통이 있는 덴마크

덴마크 역시 대외적으로 사회주택이라는 용어를 사용하지만, 자국에서는 '일반주택(모두의 주택)'으로 표현한다. 주택의 공급 주체를 통칭하여 주택협회라고 부르는 건 세 나라의 공통점이다.

덴마크의 임대부문은 전체 주택의 45%이며 임대부문의 절반 가까이가 사회주택이다. 네덜란드와 오스트리아에 비하면 비중 자체는 적다. 하지만 두 나라와 달리 입주자의 소득 기준 제한이 없다는 점에서 오히려 더 보편적인 주거 형태로 받아들여지고 있다. 입주자의 활발한 운영 참여가 제도적으로 보장되는 것도 차이점이다.

2019년 기준으로 530여 개에 달하는 덴마크 사회주택 공급 주체들의 전국 조직은 1919년에 설립된 덴마크 사회주택연맹 BL

Boligselskabernes Landsforening이다. BL은 전국 57만 호의 주택을 관리한다. 공공기관이 공급하는 주택은 1% 남짓으로, 비영리 주택부문은 대부분 공공이 아닌 사회부문이 담당하고 있다는 점에서 네덜란드와 유사하다. 다만 네덜란드는 모두 기업형인 반면, 덴마크는 협동조합을 중심으로 사회적기업 형태나 개인 등록자 등 여러 공급 주체들이 활동하고 있다.

덴마크의 주택 철학을 대표하는 것은 18세기부터 이어져온 협동조합운동의 전통에 따라 만들어진 안델 공동 주거 모델Andels-Bolig forening이다. 협동조합이 주택을 공급 및 운영하고, 거주자는 조합원으로서 주택을 간접적으로 소유하는 형태라 할 수 있다.

이 모델은 사회적기업이나 공기업의 임대주택과는 또 다른 특징을 보인다. 주택을 직접 소유하지 않으면서도, 일반적인 세입자와는 다른 권리를 누리는 것이다. 예를 들어, '서브 렌트Sub Rent' 즉, 재임대를 할 수 없는 네덜란드의 사회주택 입주자와 달리, 덴마크의 협동조합 주택 거주자는 제한적으로 재임대가 가능하다. 사후에는 동거가족이 주택을 상속받을 수도 있다. 덴마크의 사회주택 입주민들은 다른 국가에서는 소유주의 권리에 해당되는 것을 누리고 있는 셈이다.

조합원은 주주Andelshaver, 임대료는 재산세Boligafgift로 칭하는 것 역시 소유의 성격이 드러나는 예다. 한 주택에서 3년 이상 거주 시

조합 소유의 다른 주택으로 이사할 권리가 주어지기도 하는데, 이는 주택을 공동 소유하는 조합 회원의 자격이 있기에 가능하다. 그러나 조합원은 조합의 자산과 채무를 공유할 뿐이며 주택의 개별 소유나 임의 처분은 불가능하다.

한편 장기적으로 자가 소유가 가능한 프로그램도 있다. 초기 목돈이 없는 입주자는 BL에서 주택담보대출을 받아 매매계약을 한 뒤에 입주하고, 분양을 원할 시 장기간에 걸쳐 원금을 상환하는 방식이다. 만약 소유를 원치 않으면 임대료 성격으로 이자만 납부할 수도 있다.

수도 코펜하겐 역시 암스테르담이나 비엔나와 마찬가지로, 사회주택이 시내에 고루 분포되어 있다. 코펜하겐을 주요 기반으로 활동하는 대표적인 주택협회로 'AAB^Andels-Boligforening'가 있는데, 1912년에 설립되어 코펜하겐 권역에서 약 2만 호의 주택을 관리한다.

임대료 체계와 주거 보조비의 역할

세 나라의 높은 사회통합 정도는 많은 사회주택이 골고루 분포된 것과 관련 있다. 인과관계를 논하려면 별도의 분석이 필요하겠지만 사회주택과 사회통합의 상관관계는 분명 높아 보인다. 이들의 또 다른 공통점은 일정한 임대료 규제와 광범위한 주거 보조비 제도다. 임대료 규제라고 하여 공급을 지나치게 위축시키는 것은 아니다. 주거 보조비를 지급할 때 임대료 인상으로 이어지는 것을 방지하는 정도다.

이들의 임대료 체계는 복잡하지 않다. 한국은 같은 공공주택 내에서도 행복주택, 영구임대주택, 국민임대주택 등에 맞춰 입주 자격과 임대료 기준, 거주 기간이 달라진다. 하지만 세 나라는 입주자의 소득이 아니라 주택의 품질에 기반하여 임대료를 책정한다. 대신 형편이 어려운 이들에게는 주거 보조비를 지급한다. 그리하여 입주자들과 공급자들 사이에서 수직적·수평적 형평성이 보장되는 것이다.[12]

이러한 시스템은 특히 '공급자가 다양한 경우'에 매우 중요해진다. 같은 집을 공급했는데 누가 들어오느냐에 따라 어떤 공급자는 돈을 더 받고, 보다 상대적으로 가난한 사람이 입주하는 집의 공급자는 돈을 덜 받는다면, 공급자들은 상대적으로 가난한 사람의 입주를 꺼리게 될 것이다. 새 입주자가 들어올 때마다 임대료가 그때그때 늘거나 줄어든다면, 장기적인 재무계획을 세우기도 불가능해진다.

입주자의 형편에 따라 주거비 부담을 달리 할 수 있도록 하는 것은 바람직하지만, 이를 위해서는 '소득에 따른 임대료'를 책정하고 공급자에게 책임을 떠넘길 것이 아니라, 별도의 재원을 통해 '소득에 따른 주거 보조비'를 지급해야 한다.

주거 보조비 예산과 주택 건설을 위한 예산 모두 하나의 부처가 맡을 수도 있지만, 각각의 재원과 정보체계에 따라 부처가 달라질 수도 있다. 네덜란드의 경우 주택 예산은 내무 왕실부 소관이지만, 주거 보조비 책정과 지급은 소득 수준에 맞추기 위해서 국세청이 담당한다.

위 나라들의 주택 생태계는 공급자의 다양성이라는 장점을 살리면서도, 입주자를 위한 개별 주택의 임대료 체계는 간명하다. 부양가족이 많거나 소득이 적으면 누구나 같은 기준에 따라 주거 보조비를 받는다. 그러나 한국의 상황은 정반대다. 한국은 공급자는 다양하지 않으나(LH 및 소수의 지방공기업), 십수 가지의 너무나 많은 주택 유형 탓에 임대료 체계와 입주 자격이 더욱 복잡하다. 같은 소득 수준이라도 운 좋게 어디에 입주하느냐에 따라 입주자간의 주거비도 큰 차이가 나고 있다. 도대체 왜, 언제까지 이래야 할까?

좌우 수렴의 역사

좌우 수렴의 역사와 풀뿌리의 참여, 참여 주체 간의 역할 분담이 주는 교훈도 의미가 깊다. 18세기 후반부터 20세기 중반까지 덴마크에서는 협동조합 운동이 활발하게 전개되었다. 이 운동은 소비자

OECD 국가들의 주거 점유 형태 (출처: OECD 2020, Affordable Housing Database)

권리, 주택, 상업, 금융 등 다양한 영역으로 확산되었고 주택 분야는 19세기 후반부터 본격적인 활동이 시작되었다. 덴마크는 1933년 주택법 제정으로 정부 지원의 근거가 마련되어, 도시화와 산업화의 과정에서 다양한 이념적 배경을 가진 이들에 의해 사회주택이 활발히 공급되었다.

21세기에 들어선 뒤에는 이념적 차이가 희석되고 활동의 양태가 수렴되고 있다. 기독교 배경을 가진 KAB와 사회민주주의적 배경을 가진 AKB라는 사회주택협동조합이 2005년에 합병된 것이 대표적인 예다.

이는 오스트리아나 네덜란드와도 유사한 흐름이다. 노동운동과 좌파 계열, 종교계나 박애주의 그룹 등 우파 계열 모두가 사회적 가치를 추구하는 공동체나 조직 형태를 통해 주택의 공급에 참여했다. 네덜란드는 1901년 주택법이 제정된 지 100년이 넘게 흐르면서 이념적 스펙트럼이 다른 조직과 통합되는 경우도 많았다.

이들은 도시화 과정에서 부담 가능한 임대료의 주택을 공급하려는 것에 좌우의 구별이 없었다는 점을 눈여겨볼 필요가 있다. 이러한 흐름은 이들 나라의 이념적 대립이 적어서 가능했던 것이 아니라 거꾸로, 함께 문제를 해결하려는 과정에서 결과적으로 이념적 대립이 적어진 것은 아닐까 생각하게 된다. 사회가 주택을 만들지만, 주택이 사회를 만들 수도 있으니까.

3장

우리 곁의 사회주택

"사회주택에서 살아보니 동네에 단골이 생겼어요.

길에 있던 꽃이 눈에 띄었어요.

내가 이 동네에 사는구나, 하는 마음이 생겼어요."

－〈민달팽이주택협동조합〉 '달팽이집' 입주자의 이야기

1
사람답게 살 권리, 주거권의 확장

안정적인 거주 기간 보장과 부담 가능한 주거비는 주거권의 기본 요소다. 서울시 사회주택은 2015년 도입 당시부터 2년 단위 계약에 4번의 계약갱신 즉, 최대 10년의 거주를 보장했다. 주택임대차보호법 개정으로 일반적인 임대차계약에 1회의 계약갱신권이 보장되기 시작한 것이 2020년이니, 사회주택은 이보다 5년 앞서서 4배의 기간 연장을 보장한 셈이다. 외국처럼 무기 계약까진 아니지만 그럼에도 인생의 다음 단계로 나아갈 계획을 세우기에 짧은 시간은 아닐 것이다. 또한 사회주택의 임대료는 시세의 80% 이하이며, 2년마다 5% 이하로만 인상이 가능하다. 인상률이 예측 가능한 것만으로도 큰 안정감을 준다.

　사회주택은 여기서 더 나아가 주거권의 기본 개념을 확장하고 있다. 현대 도시에서 살아가기 위해서는 '계속 거주권'뿐만 아니라 '적시 이주권'도 중요하다. 이사를 가고 싶을 때 갈 수 있다는 건 매우 중요한 주거권의 일부다. 이는 세입자가 보증금을 잃을 걱정이 없도록 하는 것과 동전의 양면을 이룬다.

물론 비용만 저렴해서 될 일은 아니다. 외부의 물리적·사회적 위협으로부터 보호받을 수 있어야 한다. 또한 집은 사람이 살기 위한 최소한의 면적과 설비를 갖추는 것도 필요하다. 최저주거기준의 사각지대에 있는 고시원도 마냥 이대로 내버려 둘 순 없다.

그러나 사회주택이 궁극적으로 추구하는 것은 물리적인 공간 그 자체가 아니다. 그런 공간에서 살아가는 이들의 마음이 걱정에서 해방되고, 현재를 희생하지 않으면서도 미래를 차분히 준비할 수 있는 삶을 살 수 있도록 하는 것이 진짜 목표다.

주거 선택권과 가성비, 홍시주택

홍시주택은 서울시 금천구 독산동에 자리한 지상 5층 규모의 토지임대부 사회주택이다. 사회적기업 아이부키가 서울시로부터 40년간 토지를 임대하고, 한국사회투자기금의 융자 77%와 자부담 23%를 통해 도시형생활주택으로 건물을 지어 2017년 11월에 처음 모습을 드러냈다.

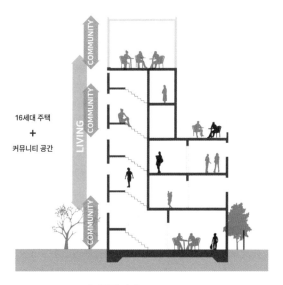

16세대 주택
+
커뮤니티 공간

홍시주택 단면도(출처: 아이부키)

홍시주택은 평균 24m² 크기의 원룸 16세대가 들어섰는데, 일반적인 도시형생활주택과 달리 풍성한 공용공간을 갖췄다. 1층에는 지역 주민들도 접근할 수 있는 근린생활시설과 커뮤니티 공간이 있고, 4층에는 공용 테라스, 옥상에는 루프탑 정원이 있어서 주민들이 함께 영화를 보거나 주말에는 바비큐 파티를 하기도 한다.

홍시주택 입주자들의 이야기를 들어보자. 입주자들은 로운쌀롱이라는 커뮤니티 공간과 주택의 실내 공간, 옥상정원 공간을 활용한 다양한 프로그램을 누릴 수 있다. 그 덕에 입주민들끼리 거리감을 허물고 친해질 수 있었다고 한다. 입주민이 적극적으로 이벤트를 열어 사은품을 건 게임을 하거나, 평소 게시판을 통해 물품을 나누고 특이 사항을 공유하기도 한다. 그들은 이렇게 입주민 간 소통이 활발하여 1인가구로 살아도 외롭지 않게 지낼 수 있다는 자랑을 아끼지 않는다. 반상회에서 입주자들의 의견을 모아 옥상에 빨래 건조대와 평상을 설치했다는 일화가 대단한 것은 아닐지 몰라도, 서로 얼굴조차 모르는 이웃 사이나 임대인과의 소통이 어려워 객으로만 지내게 되는 일반적인 원룸 촌 다세대주택과는 다른 모습이다. 자신의 주거 환경에서 개인의 자율성이나 선호하는 바를 일상에서 실현해 가는 삶이 가능한 공동체다.

> "저번에 폭우가 내렸는데 많은 입주자가 창문을 열어놓고 외출한 적이 있었어요. 그런데 입주자 중 서영 님이 다른 사람들에게 '제가 지금 집에 가고 있으니까 혹시 창문 닫는 걸 부탁할 사람은 연락하라'고 해주셔서 다 같이 부탁한 적이 있어요. 사실 남에게 집 비밀번호를 알려준다는 게 말처럼 쉽지 않잖아요. 부탁하기도, 부탁을 들어주기도요. (……) 그런 점들이 사회주택의 매력인 것 같아요."

—홍시주택 입주자 김진호 님

(출처: 2020 사회주택포럼, '사회주택 브이로그' 중에서)

입주자들은 계약기간 만료 전 이사를 가게 되더라도 미리 이야기를 하면 쉽게 계약 해지가 가능하다는 점, 이전과 비슷한 수준의 월세를 내면서 더 넓은 집에서 거주할 뿐만 아니라 시설 보수 등의 민원에 피드백이 신속하다는 점도 장점으로 꼽았다.

이는 앞서 언급한 계속 거주권과 적시 이주권이 보장된다는 점이 선명하게 드러난다. 청년 1인가구들이 임차인으로 사는 이유는 단순히 집을 살 돈이 부족해서만은 아니다. 학업이나 직장으로 인해 주거 이동성이 높아서인 경우가 많다. 그러나 최근의 전세보증금 피해 사기 이전에도 일반적인 전월세 주택들에서는 다음 세입자가 구해져야 보증금을 빼줄 수 있다는 임대인의 횡포가 관행처럼 자리 잡아서, 이사를 가야 하는 세입자들의 마음을 졸이게 했다.

임대료 가성비가 뛰어나다는 점은 사회주택의 핵심 가치이다. 무엇보다 새로운 동네에 적응해야 하는 1인가구들 사이에서 공구를 빌려 쓰는 정도를 넘어 서로 비밀번호를 공유하며 급한 사정이 있을 때 도움을 주고받는, 신뢰가 구축된 공동체의 가치는 금전적으로 환산할 수 없을 것이다.

고시원의 변신, 쉐어어스

선랩건축사사무소(이하 선랩)는 건축설계사무소이자 사회적기업이다. 건축가 현승헌 대표는 일상적인 공간을 실질적으로 개선하는 것에 관심이 많았다고 한다. 집수리 봉사활동을 오래 하다 보니 자연스럽게 신축뿐만 아니라 리모델링에도 눈길이 갔고, 큰 규모의 도시재생보다 하나하나의 공간 재생을 의미 있게 바라보게 되었다.

취업 후 고시원에서 2년간 생활했던 그가 고시원 리모델링 사업에 관심을 갖게 된 것은 자연스러운 일이었다. 그가 활동하던 봉사활동 단체의 모체였던 시민 단체가 운영의 어려움을 겪게 되어 회원들이 직접 운영에 나섰던 적이 있다. 그 과정에서 풀뿌리 운동을 좀 더 체계적으로 해나가며 전문가로서도 기여하고 싶어 동료들과 같이 창업을 하게 되었다고 한다. 그렇게 만들어진 곳이 바로 해뜨는 집 연구소다. 현승헌 대표는 그곳에서 관내 취약계층의 집수리를 돕는 활동을 시작했다.

고시원 리모델링 사업은 2012년 서울시의 사회적경제 아이디어 대회에 참여한 것이 발판이 되었다. 이후 2014년에 예비 사회적기업으로 인증받으며 창업을 고민하는 과정부터는 사회적기업 진흥사업의 도움을 많이 받았다.

고시원을 둘러싼 문제는 단일 건물 차원에서 해결하기 어렵다는 생각에 그는 문제의식을 고시'원'에서 고시'촌'으로 확장하여 관악구 고시원 전수조사를 하게 되었다. 도시재생 관련 법이나 제도, 재정이 투입되기 전부터 도시재생을 문제의식 삼아 지역을 살피고 대안을 기획한 셈이다. 동시에 고시원 사업주나 건물주로부터 공간을 장기 임차하여 이를 리모델링하고, 공용공간의 내용과 외양을 개선하는 그의 사업은 사회주택의 하나의 원형이 되었다.

선랩의 첫 번째 작품인 쉐어어스^{SHARE US} 1호점은 사회주택 조
례가 생기기 전인 2014년에 관악구의 에벤에셀 고시원을 리모델링
하면서 시작됐다. 쉐어어스 지점의 이름을 보면 기존 고시원의 장
소성과 역사성을 계승하려는 노력이 드러난다. 1호점 에벤에셀 쉐
어어스, 2호점 거성 쉐어어스, 3호점 청광 쉐어어스처럼 각 지점의
이름은 기존 고시원의 것을 그대로 사용했다. 공공 토지를 임대하
여 건물을 짓는 토지 임대부 방식이 아닌 민간 건물을 리모델링해
서 공급하는 재임대형 방식이므로 민간 건물주의 기여에 대해 그
공로를 기리고자 하는 의미도 함께 볼 수 있다.

쉐어어스는 두 팔을 다 벌리기 힘들 정도로 좁았던 고시원의
공간을 인간답게 거동하고 더 편하게 머무를 수 있는 공간으로 넓
혔다. 이를 위해 건물주와 협력하여 당시 상대적으로 긴 기간인 5년
의 임차 계약을 맺고, 초기비용을 천천히 회수하는 재무구조를 짜
서, 입주자들이 부담 가능한 임대료로 중장기 거주가 가능한 셰어
하우스를 만들었다. 개실 면적은 여전히 작은 편이지만 잠을 잘 때
외에는 침실에 머무르는 시간이 적은 1인가구들에게 쾌적한 공용
공간을 제공하는 것으로 주거 만족도를 높이려 노력했다.

쉐어어스 시리즈는 공간의 특징과 개성을 최대한 살리고, 커
뮤니티 활동과 개실별 사용 인구에 따라 퍼블릭(전체 공유 시설)-세
미 퍼블릭(층별 공유 시설)-세미 프라이빗(유닛 내 공유 시설)-프라이빗

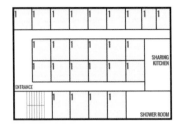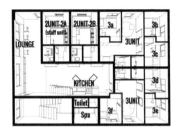

거성 쉐어어스 리모델링 전과 후 비교 평면도(출처: 선랩건축사사무소)

쉐어어스 층별 거실과 유닛 거실(출처: 선랩건축사사무소)

공간(개인실)처럼 공동생활과 사생활의 영역을 여러 단계로 구분하여 위계에 따른 조합을 다양하게 제시한다.

현승헌 대표는 이렇게 쉐어어스를 통해 화장실, 샤워실, 부엌 등 공용공간의 사용 인원에 따라 적정 용량을 탐색하는 시도를 보여줬다. 그래서 서울시의 리모델링형 사회주택 설계안 가이드라인 연구에도 참여하게 되었다.

신림동 고시원을 중심으로 사업을 확장한 쉐어어스는 자체 브랜드의 사회주택들로도 인근 거리에 클러스터링^{Clustering}이 가능하다. 지점별로 특화된 공용공간을 서로 자유롭게 이용할 수 있도록 멤버십 체계를 갖추는 것이다. 예를 들어, 쉐어어스 입주자라면 다른 지역에 있는 청광 3호점의 지하 공간, 거성 2호점의 루프탑 공간, 신림 4호점의 다락 공간 등을 자유롭게 사용할 수 있다.

특히 신림동의 경우 고시원 리모델링이나 신축 토지 임대부와 같은 사회주택뿐만 아니라, 사회주택이 아니더라도 수익형 셰어하우스와 원룸 등 1인가구 중심의 주택들이 어느 지역보다 많다. 그래서 입주자들의 멤버십을 활용하는 협력체계를 도보권 내의 다른 (사회)주택 사업자들과 협의해서 확장해 나갈 계획도 검토 중이다.

예컨대 청년창업 프로그램 사업에 각 거점을 묶어 함께 운영하거나 공간에 따라 코인 세탁소, 스터디 카페를 제공하는 식이다. 이렇게 되면 사회주택 클러스터는 1~2인 가구들을 위한 생활공간과 서비스를 제공하는 플랫폼이 될 수 있다. 물리적인 의미의 건물 이상으로 콘텐츠와 서비스까지 같이 탑재하는 토대가 되는 것이다. 다음은 하드웨어를 넘어 소프트웨어를 고민하는 현승헌 대표의 이야기다.

"처음부터 사회주택이라는 워딩이나 어젠다로 시작한 것은 아니에요. 하고 싶은 걸 하다 보니 잘 활용할 수 있는 정책적 도구로써 삼을 수 있었던 거죠. 앞으로도 공간 자원을 다양하게 활용하면서 사회적가치도 추구할 수 있는 비즈니스 모델을 많이 만들고 싶습니다.

사회주택 사업자들에게 기존의 투기 방지 프레임에서 나오는 규제들이 획일적으로 적용되면 억울한 경우가 생기는 일이 많죠. 아직까지는 우리를 위한 틀이 없는 것 같아요. 저희는 고시원을 리모델링하다 보니 법적으로는 주택이 아닌 근린생활시설에 해당해서 보증금 보증보험 의무 가입 대상은 아니지만, 자체적으로 보증금 반환 준비를 해둡니다. 최소한 전체 보증금 총액의 30%는 현금으로 적립해두고 있어요.

물론 복지도 중요하죠. 하지만 집이 없으니까 줘야 한다는 관점에 머물지 않고 좋은 집, 좋은 주거에 대한 기준을 계속 확장해나가고 싶어요. 3베이나 4베이[1] 같은 건축계획의 측면도 중요하지만, 살아가는 동안 긍정적인 상황과 경험을 만드는 것도 중요한 것 같아요. 집은 곧 경험이라고 생각해요. 긍정적인 경험들이 누적되고 하드웨어를 넘어 관계나 상황도 같이 좋아지면서 우리 환경들을 변화시킬 수 있으면 좋겠습니다."

중요한 것은 걱정 없는 마음, 에어스페이스와 창공

대학생 김재우 님은 사회주택에 입주하기 전 오래된 2인실 기숙사에서 살았다. 그는 왠지 기숙사는 '사는 집'이라는 느낌이 들지 않았기에 여느 대학생처럼 고향에 주민등록상 주소지를 그대로 두고 있었다. 그러다 사회주택 에어스페이스(신림 2호점)에 오면서 이 집에서는 원하는 기간만큼 살 수 있겠단 생각에 전입신고를 하게 되었다.

에어스페이스 이전의 기존 고시원 건물은 한 층에 방이 20개씩 있었고, 그중 절반은 창문이 없는 '먹방'이었다. 그랬던 공간을 셰어하우스처럼 바꾼 덕분에 임대료뿐 아니라 공용공간의 설비나 수납 면적도 만족스러워졌다. 김재우 님은 운영사인 어울리가 입주자의 민원에 성실히 대응하여 즉각적으로 해결한다는 점도 장점으로 꼽았다.

호른 연주자 윤서우 님은 코로나로 수입이 급감하여 낙향을 고민했다. 순천 출신인 그는 2019년부터 전주에서 살던 중 코로나로 문화예술계가 타격을 입으며 1년 만에 타향살이에 큰 위기를 맞이했던 것이다. 월세 41만 원의 원룸에서 나와 교회 창고로 주거지를 옮겨야 했다. 교회의 배려 덕에 임시로 지낼 수 있게 되었지만, 맨바닥에서 자야 하는 곳에서 계속 살 수 없는 노릇이었다.

어떻게 해야 할지 막막할 때 마침 한국주거복지 사회적협동조합이 전주에 만든 사회주택 창공에 살게 되면서 예술 활동을 지속할 수 있게 되었다. 그는 사회주택에 입주 후 인생의 새로운 전환점을 맞이했다. 자동차에 악기를 싣고 다녀야 하는 그에게 주차장도 넉넉하고 월 20만 원에 투룸이 제공되는 사회주택은 정말 꿈이 현실이 된 것 같았다. 주변 입지 역시 남부시장과 수변 공간, 한옥 마을이 가까워 청년 예술인 1인가구가 살기에 안성맞춤이었다.

처음에는 워낙 사정이 급하니 경제적 측면만 보고 입주했지만, 다른 예술인들과 교류하고 협업하면서 새로운 영감을 얻거나 다양한 창작 활동까지 할 수 있게 되었다. 이후 연주 스케줄도 늘기 시작해 코로나 당시에 큰 위기를 피할 수 있었다고 한다. '이곳에 입주한 뒤로 일이 잘 풀린다'며 막막함을 이겨낸 기분을 전하던 그는 한 언론 인터뷰에서 '관심사가 비슷한 사람들이 모여 사는 것도 사회주택의 매력'이라면서, 동생에게도 입주를 추천했다고 한다. 이처럼 사회주택은 학업이나 직장 생활을 위해 고향을 떠난 이들이 미래를 준비할 수 있는 마음의 안정을 제공해주고 있다.

당신을 지켜주는 사회주택, 자몽하우스와 녹색친구들

사회주택에는 든든한 하우스 메이트들이 있다. 마을과집 협동조합이 운영하는 '자몽하우스'의 한 지점에 살던 김모 씨는 2019년 스토킹 피해를 당했는데, 동료 입주민들의 도움으로 힘든 상황을 이겨 낼 수 있었다. 집 앞에 가해자가 찾아왔을 때 든든하게 옆에서 지켜 봐주고, 무슨 일이 생기면 언제든 전화하라고 신신당부하고, 피해 내용을 듣고 상담해준 이웃들 덕분에 마음의 상처가 회복되는 데 큰 도움을 얻은 것이다.

타지 생활에 우울증을 앓던 다른 입주자는 이 셰어하우스에서 동료 입주민들의 관심과 노력으로 힘든 시기를 극복하고, 다시 외부 활동을 하고 연애도 시작했다고 한다. 이사를 갈 때는 "여기가 너무 좋아서 나중에 또 오고 싶다"고 덧붙였다. 이런 사회주택들은 특히 타지에 진학한 자녀의 첫 독립생활에 들어가는 경제적 부담은 물론, 몸과 마음의 안전에 대해 걱정하는 부모에게 인기가 높다.

일반적인 원룸에서는 임대인이 후속 임차인을 구한다거나 시설 점검을 이유로 아무 때나 불쑥 문을 열고 들어오는 안하무인적인 태도와 같은 소위 '갑질'로 임차인이 위압감을 느끼는 경우가 많다. 사회주택은 전혀 그렇지 않다. 오히려 사업자들이 서러움을 느낀다는 주장도 있다. 익명을 요구한 한 사업자는 "서울시 지원을 받은 사업이라는 걸 알게 된 세입자 한 분은 걸핏하면 서울시 인터넷 홈페이지에 민원을 올리겠다고 오히려 갑질을 하시더라"라고 전했다. 그러면서 "우리가 아무리 주거 약자들의 주거권 보장이라는 사회적가치를 추구하며 이 사업에 뛰어들었지만, 일요일 밤 늦은 시각에 '우리 애가 전화를 안 받아요'라고 대학생 자녀를 입주시킨 부모의 전화를 받으면 좀 힘들다고 느낄 때도 있다"며 애환을 털어놓았다.

사회주택의 진가는 코로나 시절에 특히 빛을 발했다. 이 시기의 방역 문제는 이웃과의 갈등을 증폭시킬 수 있는 민감한 사항이었다. 예를 들어, 한 고시텔에서는 접촉자 추적 검사에서 음성이 나와 자가 격리에 들어간 입주민의 소식을 알게 되자 "CCTV 돌려 보고 방에서 나왔던 게 확인되면 고발 조치해서 내쫓겠다"는 관리자의 모습이 MBC 뉴스데스크에 방영되기도 했다.

그러나 자몽하우스는 달랐다. 코로나 안심주택을 표방하면서 코로나 방역 담당자를 지정하여 24시간 상담에 돌입했고, 대응법을 안내하도록 했다. 자가 격리가 필요해진 입주민의 경우 다른 이들과 분리된 공간에서 지낼 수 있도록 지정 격리 호실을 마련했고, 기존 셰어하우스에는 정기적으로 방역과 소독 서비스를 제공했다. 그뿐만 아니라 입주민들과 함께 주변 체육시설과 주민센터에서 소개해준 노후 고시원 등 지역사회 시설을 소독하는 봉사활동을 하고 방역물품을 비치하여 지역 주민들에게 호평을 받았다.

실제로 코로나 확진자가 발생한 사례도 있다. 2020년 한 입주민은 코로나 검사 대상자가 되자마자 사업자에게 통보 후 자가 격리에 돌입했다. 마을과집 협동조합 측은 타 입주민들도 자가 격리에 들어가도록 안내하고, 가족이 지방에 거주하여 음식을 공급받기 어려운 확진자에게는 음식을 전달했다. 확진자 이송 후 지점 전체에 방역을 실시하고 입주민 대응 수칙을 실시간으로 안내하기도 했다. 다행히 추가 확진자는 발생하지 않았고 확진되었던 입주민도 건강하게 퇴원하여 다른 입주민들의 축하 속에 일상으로 복귀할 수 있었다.

이는 위기 상황에서 사회주택이, 사회주택의 운영자와 입주민들의 공동체가 얼마나 소중한 힘을 발휘했는지 살펴볼 수 있는 사례들이다.

녹색친구들의 녹색친구들 창천점은 11가구 규모다. 거주자 대부분 근처 대학교와 직장을 다니는 1인 청년 가구다. 시세 80%로 최대 10년까지 살 수 있다 보니 공실이 발생하면 입주 경쟁률은 7:1에 다다른다.

초기부터 거주하던 입주자가 절반을 넘지만, 후발 입주자들과도 천천히 친해지면서 서로 간의 신뢰를 바탕으로 부담 없는 공동체 관계를 유지하고 있다. 평소 월 1회 정도 회식을 하고 과일이나 직접 만든 빵을 나누어 먹기도 한다. 꽃을 좋아하는 사람은 이웃들에게 꽃을 나누어주기도 하고, 술을 안 마시는 입주민이 술 선물을 받으면 다른 입주민에게 선물하기도 하며 일상의 순간을 함께하고 있다.

이곳에 2018년에 입주한 강정원 님의 아버님은 치매(알츠하이

머)를 앓고 계신다. 안타깝게도 아버님의 치매가 심해지면서 현관 비밀번호를 기억하지 못하거나 목걸이형 카드 키 사용이 어려워졌고 집에 들어가지 못하는 돌발 상황이 생기기 시작했다. 한번씩 아버님께서 밖을 헤매실 때면 같은 사회주택 주민들이 강정원 님께 연락을 해주거나 아버님을 직접 집 안으로 모셔드렸다. 요즘은 보기 힘든 마음이 따뜻해지는 사례다.

"사회주택에 사는 좋은 이웃들 덕분에 아버지가 큰일을 당하지 않으셔서 너무 다행이었습니다. 이웃들에게 큰 은혜를 입었어요. 감사의 의미로 식사 자리를 만들고 싶어요. 입주민들께서 아버지를 항상 밝은 얼굴로 대해주셔서 너무 감사드립니다.

일반 주택이었으면 이렇게 하기 어렵지 않았을까 생각해요. 사회주택이라서 이웃끼리 가까이 지내며 서로 챙겨줄 수 있는 환경이 자연스레 만들어진 것 같습니다."

—녹색친구들 입주자 강정원 님

2
새로운 주거가 온다, 생각의 전환과 주거 실험

건물이라는 하드웨어에 소프트웨어라 할 수 있는 다양한 주거 서비스가 결합한 것은 사회주택의 중요한 특징이다. 재무적 가치와 사회적가치를 추구하는 주체가 건물의 기획과 설계단계에서부터 향후 운영까지 책임진다면 하드웨어와 소프트웨어가 더욱 유기적으로 결합될 수 있을 것이다. 그 덕분에 새로운 시도와 실험도 용이해진다.

건축가가 도면만 그리고 떠나거나 시공사가 건물만 팔고 떠난다면, 운영 단계에서의 실제 사용자들의 반응을 관찰하여 애초 기획의도가 제대로 실현되는지 점검하기 어렵다. 하지만 공급 주체가 운영 단계도 책임을 진다면 이야기가 달라진다. 게다가 다양한 사회주택 사업자들이 자신의 개성을 드러내다 보니 자연스럽게 다채로운 기획을 선보이게 되고, 공기업이 혼자서 주택을 공급할 때보다 입주자들에게 여러 선택권을 줄 수 있게 된다.

단순한 주상복합에서 벗어나 주거와 카페, 오피스의 기능과 역할이 새로운 형태로 결합하고 시간과 공간을 유기적으로 연계하여 운영할 수 있는 점도 사회주택의 특징이다. '풀뿌리와 밀착된 운영 주체'의 존재 덕분이다. 결과적으로 사회주택은 지역사회와 경제를 활성화하고 입주자들에게는 새로운 삶의 양식을 추구할 수 있게 해주는 주거의 실험장을 제공한다.

스타트업 종사자들을 위한 커뮤니티 하우스

입주민들에게 일자리를 제공하며 안정적이고 실질적으로 인생 설계를 도와주는 사회주택의 사례가 많다. 2013년에 설립된 소셜벤처 엔스페이스가 서울시 강남구 대치동에 공급 및 운영하는 사회주택 앤스테이블도 그중 하나다.

앤스페이스는 SH가 설립한 사회주택리츠에 출자금을 내고 참여하여 주택사업의 기획과 운영을 맡았다. 리츠의 자본력 덕분에 초기에 지어진 다른 사회주택들보다 상대적으로 규모가 크게 지어졌다. 건축법상으로 다세대주택이며 6층 건물 중 4개 층 12실이 주거용이다. 2인 1실도 섞여 있어 총 20명이 거주할 수 있는데, 어쩌다 공실이 발생해도 1개월 이내에 채워진다. 입주민들은 주로 직장인, 학생, 스타트업 종사자 들이다.

첫 입주자를 모집할 때 순식간에 60명이 몰렸다. 인근 학원가의 청년 강사들은 소득수준이 너무 높아 탈락하기도 했는데, 이는 앤스테이블이 고소득 청년들에게도 인기를 얻을 만큼 공간 품질에 대한 평가가 좋았다는 것을 증명한다.

앤스테이블의 1층에는 카페와 커뮤니티 라운지가 있다. 점심 때는 인근의 직장인이, 오후에는 지역 주민들이 작업을 하러 많이 찾아온다. 2층의 공유 오피스인 인디워커스는 1인 기업의 캐주얼한

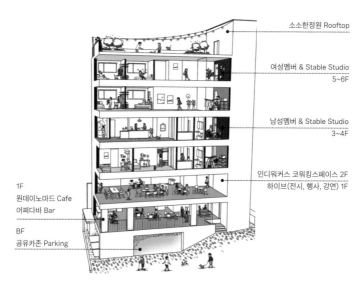

앤스페이스 건물 구성(출처: 앤스페이스)

업무를 위한 공간이다. 강남의 공유 오피스는 1인 좌석이 평균 50만 원대인 것과 비교해보면 30만 원을 받는 인디워커스는 인근 시세의 50~60% 수준인 셈이다.

그 옆의 공유 거실 캔틴은 주택 입주자와 오피스 입주자들이 함께 쓰는 거실로, 정수기, 전자레인지, TV 등을 공유하고 멤버들이 가지고 있는 보드게임이나 도서도 함께 나눠 쓸 수 있다. 옥상의 '소소한정원'은 텃밭과 테이블이 있는 입주자 전용 쉼터다. 입주자만 사용 가능하지만 간혹 과일나무 키우기, 꽃 다듬기 등의 지역 프로그램 행사가 있을 땐 외부에 개방하기도 한다.

앤스페이스는 '스타트업 빌리지'를 콘셉트로, 사회주택을 통해 젊은 창업자들, 영 크리에이터나 프리랜서를 위한 커뮤니티 하우스를 만들고자 했다. 원래 앤스페이스의 대표 사업 아이템은 연습실, 스터디 룸, 회의실, 공유 주방 등 공간의 수요와 공급을 연결해주는 공간 매칭 플랫폼이다.

정수현 대표는 청년 스타트업 창업자로 회사를 이끌다가 2030 임직원들의 주거 문제를 고민하면서 주택 사업에도 접근하게 되었다.

"강남 판교, 성수는 스타트업에서 일하는 청년들이 많이 모여 있는 지역인데 주거비가 매우 비싼 곳이죠. 거리가 먼 회사에

통근하면서 타임푸어가 되어가는 청년들의 문제를 해결하고, 창의적인 인재가 스타트업에 도전하게 하려면 사회가 이들에게 주거 문제를 해결하기 위한 투자를 해야 한다고 생각했습니다. 시간 빈곤 사회에서 벗어나도록 직주근접 혁신을 통해 이들의 시간을 아껴주는 것도 일종의 국력이 아닐까요?

앤스테이블이라는 이름은 'N개의 머물기 좋은 공간'이라는 의미로 지었는데요. 시설도 쾌적하고 편안하지만 그 공간이 부담 가능한 '어포더블 하우스'라는 의미도 함께 담았습니다."

이는 공공의 신용과 체력에 소셜벤처의 기획 및 실행력을 조화시킬 수 있는 사회주택의 장점이 드러난 좋은 사례이다. 하지만 주민들의 반대는 없었을까? 공공부문에서도 생소한 사회주택을 강남에 만들면서, 그것도 리츠 방식의 첫 번째 주자로 참여하면서 겪었던 어려움은 없었을까? 정수현 대표의 이야기를 살펴보자.

"처음에는 사회주택에 대해 낯설어하는 구청의 인허가 과정에서 시간이 좀 걸렸어요. 하지만 막상 공사를 시작했을 때는 지역 내 분위기가 놀라울 정도로 협조적이었죠. 수년째 방치된 해당 부지가 폐차장처럼 되어 있어서 그랬나 봅니다.

또 1~2층을 카페와 공유 오피스로 지역 주민들도 함께 누릴 수 있는 공유 공간으로 만들다 보니 위화감도 적었고 자연스럽게

이 공간이 만드는 활기를 좋아해주신 것 같아요.

직장인들이 빠져나간 점심시간 이후에는 인근의 학부모님들이 모여서 티타임을 가지는 경우가 많고요, 늦은 오후에는 개인 크리에이터들이 작업을 하러 오기도 해서 시간대마다 공간의 풍경이 달라져요. 누군가 성수동의 힙함을 대치동에 옮겨왔다고 해주셔서 멤버 모두가 즐거웠습니다.

공공기관의 특성상 어쩔 수 없는 문제일 수도 있겠지만 무엇이 소셜 임팩트를 내고 있는지, 운영하는 민간 사회적 경제주체들이 어떤 노력을 하고 있는지에 대해 협력자로서 응원을 받는 느낌보다 하나의 관리 대상으로 대하는 느낌을 받을 때는 좀 섭섭하고 아쉽습니다.

리츠의 개발 방식이 운영사에게 초기 개발 부담을 줄여서 좋긴 한데, 이 사업이 창출하는 사회적가치에는 큰 관심을 두지 않는 분들과 소통할 때 좀 답답합니다. 보조적 지원 없이 자족형으로 건물의 자생력을 만들고, 커뮤니티와 함께 많은 서비스를 제공하면서 진정성 있게 운영하는 것들이 성과지표로 책정되어 있지 않으니, 사실 공공부문의 실무자들로서 적극적으로 나설 유인이 적은 것도 시스템의 문제로 이해는 할 수 있습니다. 당분간 자체적인 성과로 스스로 인정하며 나아가는 수밖에 없겠죠."

우리에겐 민간과 공공이 공동으로 출자하여 의사결정을 같이 내리는 경험이 거의 축적되어 있지 않다. 경험과 신뢰가 아직 뿌리 내리지 못한 상황에서, 수익성과 공익성의 균형을 맞추는 일은 더욱 어려울 것이다. 그러나 개척자로서의 외로움이나 중첩된 정체성으로 인한 고역을 겪어도 사회주택 사업자들은 입주자들이 만족하는 모습을 보면 고생이 눈 녹듯 사라지는 느낌을 받는다고 한다.

앤스테이블의 입주자들은 이렇게 전한다.

"IT 스타트업과 창업에 관심이 많아요. 온라인 커머스 쪽에서 일하면서 웹 개발 쪽도 준비 중입니다. 다양한 분야에서 일하는 사람들과의 교류를 좋아해서 사회주택이 끌렸어요. 이곳에는 비슷한 관심사를 가진 분들도 많아서 좋습니다. 덕분에 창업 분야에서 인사이트를 많이 얻고 있어요."

"광주가 고향이지만 서울에서 직장을 얻게 되면서 앤스테이블을 첫 집으로 결정했어요. 공용공간과 별도로 개별 공간도 훌륭해서, 개인 시간에 온전히 집중할 수 있는 프라이버시도 보장되는 게 좋아요. 가까운 양재천에서 산책도 하고, 바에도 갈 수 있고요. 디퓨저 만들기 같은 수업도 너무 좋았습니다."

"제가 앤스테이블을 선택한 이유는 안정감이 중요한 기준이었어요. 여성 혼자 살기에 불안한 요소가 많은데 커뮤니티 하우스

여서 독립적인 자기 주거 공간을 향유하면서도 함께 살아가는 느낌이 있어서 편안합니다. 앞으로도 서로 존중하는 공간이 되길 바랍니다.”

　　“선릉역 근처에서 웰니스 분야 스타트업에서 일하고 있습니다. 회사와 집이 가까운 게 최고라고 생각해서 앤스테이블 모집 소식을 듣고 꼭 들어오고 싶었습니다. 회사가 가까워서 업무 생산성도 좋아지고 일을 더 잘하게 된 것 같아요. 저는 여행을 좋아하고 이너 피스를 중요하게 생각하는데요. 그래서 옥상 요가나 악기 배움 같은 프로그램을 하우스 멤버들과 같이 하면 좋겠다 생각하고 있습니다.”

　　“소프트웨어 교육 관련 일을 하는데요, 직장이 선릉역 쪽으로 결정되면서 지인 추천으로 앤스테이블을 알게 되었고 열심히 서류 작성해서 입주에 성공했어요. 최근 한 일 중 가장 기쁘고 뿌듯한 일이 여기 입주한 것입니다. 앤스테이블 멤버들을 위해 주변 맛집 30선을 만든 건 두 번째로 뿌듯한 일이에요. 이곳에 와서는 뿌듯한 일이 계속 생깁니다. 직장 일도 잘 풀리고요, 앞으로 입주 멤버들과 함께 명상이나 드로잉 같은 취미 활동도 같이 하고 싶어요.”

입주자들은 공통적으로 공간을 매개로 한 관계를 통해 주거 만족도를 넘어 진로 계획까지 도움을 얻는 점을 사회주택의 장점으로 꼽았다. 앤스테이블이 추구하는 소기의 목적을 충분히 달성하고 있는 것으로 보인다.

그런데 이 '사회주택리츠'는 2023년에 청산 절차를 밟게 된다. 민선8기 서울시에서 리츠 전체를 청산하기로 한 것이다. 초기엔 리츠를 통해 각 기관으로부터 투자 유치를 하여 사업을 키워가려 했던 서울투자운용은 기관 기금 유치를 받지 못하면서 초기 서울시의 투자금과 사회주택 사업자의 투자금으로 운영해야 했다. 이런 상황에서 앤스페이스 등 공동출자자의 의견과 무관하게 세운상가의 일부를 리츠가 매입한 것도 보유 자금이 빠르게 축소된 배경으로도 보인다. 리츠가 이제는 자금이 거의 없다는 이유로 자산을 SH에 매각하고 청산하겠다는 것이다.

이러한 배경으로 입주민들은 남은 계약기간 동안에만 살게 되었고, 초기 개발부터 시행과 안정적 운영까지 책임져온 소액 주주이자 운영자인 앤스페이스는 업무 종료를 앞두게 되었다. 내부의 인디워커스나 원데이노마드 등은 임대차계약이 끝나면 (새로운 건물주가 된) SH와 원점에서 재계약 여부를 논의해야 한다.

공유재산에 대한 민간의 노력과 공공의 기반이 만나 좋은 선례를 남기는 줄 알았는데, 정책 전환의 일환으로 20년 계획에서 5년 만에 업무를 종료하게 된 상황에 정수현 대표는 유감을 표현했다.

최근 앤스페이스는 본사를 제주도로 옮기고 공간 비즈니스의 새로운 모델을 만드는 것을 모색 중이다. 모쪼록 불시에 조기 청산하게 된 사회주택리츠의 아픔을 딛고 앤스페이스의 또 다른 실험들이 성공하길, 다른 지자체나 사회주택 사업자들에게도 앤스테이블의 정신이 계승되어 다양한 공간과 연계된 사회주택이 많아지길 기원해본다.

커뮤니티, 순환 경제 마을과 금융

사회주택이 수도권에만 있는 것은 아니다. 대전에도 공유 오피스와 사회주택이 연계된 사례가 있다. 지자체 조례에 의해 공급되거나 중앙 공기업의 직접적인 지원이 들어간 사업은 아니지만, 사회적기업 윙윙이 운영하는 꿈꿀통은 마을형 공유 오피스 허니랩과 연계하여 운영되는 마을형 사회주택이다.

대전은 서울처럼 개발의 밀도가 높지 않다. 따라서 윙윙의 이태호 대표는 한 건물에 주상복합 형식으로 만들지 않고, 가까운 거리에 있는 빈 공간들을 연계해 건물형이 아닌 마을형으로 필요한 시설들을 사용하면 좋겠다고 생각했다.

2010년부터 코워킹 스페이스로 시작된 벌집에 2013년에 합류하여 지금까지 운영해온 그는 2015년 꿈꿀통 펀드로 전세금을 마런하고, 대전시 공유 경제 활성화 사업을 활용해 6명의 주거 문제 당사자들과 함께 공유 주택으로 꿈꿀통 1호점을 만들었다. 이듬해 LH소셜벤처 1기로 선정되어 2호점, 3호점을 차례로 개소했다.

2017년에는 커뮤니티 카페 saturday coffee를 어은동에 열고 도시재생 스타트업 윙윙을 설립했다. 마을에 살며 창업까지 하게 되면서 주민들과 마을 축제를 열고, 지역의 도시재생사업까지 맡게 되었다. 그러다 2020년에는 사회적기업으로 인증을 받았다.

윙윙의 꿈꿀통은 마을의 크리에이터나 소상공인들과 연계한 커뮤니티 서비스를 청년들에게 합리적인 가격으로 제공하는 사회 주택을 표방한다. 돈 걱정, 마음 걱정 없이 꿈꿀 수 있는 주거 문화와 청년 1인가구를 위한 대안 공동체를 만드는 것을 사명으로 삼고 있다.

다음은 이태호 대표의 설명이다.

"꿈꿀통은 주변 시세 대비 임대료가 16~33% 저렴하고, 공유 공간을 활용해 동일 가격 대비 더 넓은 주거 공간 이용이 가능합니다. 입주자들은 윙윙이 운영하는 다른 공간들을 할인된 가격에 이용할 수 있어요.

7년 동안 다양한 주거 실험을 해볼 수 있었어요. 각자 창업한 창업가들끼리 살아보기도 하고, 꿈꿀통이라는 이름 덕분인지 주변에서 자신의 꿈을 이해받지 못한 친구들의 아지트가 되기도 했죠. 불특정 다수를 대상으로 모집도 해봤는데, 갈등 사례를 겪고 나서는 커뮤니티를 잘 기획하는 것이 중요하다고 느꼈습니다.

저희 같은 스타트업이 처음에 단독으로 운영을 시도하기에는 3~4개 정도의 집이 최선이었습니다. 그러면서 수년 동안 꾸준하게 지역에 대안적인 주거가 필요하다는 목소리를 내왔습니다. 새로운 주거 문화는 청년들에게 주거권을 위해서도 필수적이지만, 관계 자본과 주거 안전망을 바탕으로 청년들이 새로운 혁신을 만드는 요람으로써 이 시대의 필수적인 선결과제라고 생각합니다."

윙윙은 2021년 LH공사의 매입약정-운영위탁형 사회주택 사업인 '테마형 매입 임대'에 응모했으나 아쉽게도 탈락했다. 지역에서의 공간 운영 실적이나 향후 운영계획에서 부족함이 없다고 생각했는데 의외의 결과였다. 이태호 대표는 포기하지 않고 다시 도전할 계획이다.

"서로 15분 거리 안에 살고 있는 마을 구성원들과 협력적이고 친환경적인 '순환 경제 마을'을 만들고 싶습니다. 마을의 정체성을 대변하는 마을 구성원들이 성장하는 것이 저희의 사명입니다.

마을 주민분들은 이런 저희의 일을 처음엔 잘 이해하지 못하셨죠. 사회문제를 해결하려고 한다 하면 공무원인지 묻고, 공무원은 아니라고 하면 '사기꾼인가?'라는 의심을 하는 것도 자연스러웠을 테고요, 사기꾼이 아니라는 오해가 풀리면 그다음은 출마하려고 하는지 오해가 많았죠. 한 5년쯤 하고 나니 믿어주시기 시작한 것 같아요.

행정과 협력하기 좋아진 건 도시재생사업의 일환으로 마을 관리사업을 하면서부터였어요. 마을 주민분들이 참여해서 주인 역할을 해주시고 저희가 손발 역할을 하는 식으로 분담이 됐고요.

그런데 도시재생사업을 하고 나서 젠트리피케이션이 생겼습니다. 인프라가 갖춰지니 기대심리가 생기면서 건물주들이 건물을 철거했고 몇몇 분들은 소위 '둥지 내몰림'으로 나가시게 되었던 거예요. 이걸 보고 자산화를 해야겠다는 문제의식이 생겼어요. 그러면서 민주적인 부동산 소유와 투자 문화를 만드는 것이 지역 주거 문화 변화의 전제 조건이라는 결론을 내리게 되었습니다.

현재 목표는 사회주택이나 시민 자산화에 IPO(기업 공개)를 도입하는 겁니다. 건물 지분의 상당분을 시민들이나 지역 신협에 사달라고 할 생각입니다. 그러면 초기 공사 비용을 빨리 갚고 사업 확장에 또 쓰는 거죠. 저희와 비슷한 취지로 활동하는 분들에게 투자를 해드리는 개념이 될 수 있습니다. 또 이분들 중에 사회주택의 커뮤니티 서비스를 공급하는 주체들로 서로 시너지효과를 기대하고 있는 분들도 계시고요.

투기를 위한 갭투자가 아니라, 사회적가치를 추구하는 부동산, '사회적 부동산'을 확보하고 관련 기업들의 성장과 일자리 창출을 위한 역할을 해나가고 싶습니다. 이제는 사람들이 마을에 투자한다는 개념이 서기 시작한 것 같아요. 앞으로 지속적으로 마을 투자상품을 만들어 마을 펀드 개념을 지역에 뿌리내리게 하고, 많은 창업 팀이나 주민들과 함께하는 사회적 경제주체들이 정착하게 해서 수많은 창의적인 충돌을 만들어보고 싶습니다."

윙윙은 사회적가치 실현을 위한 첨단 금융 기법 도입에 적극적이며 산학협동에도 누구보다 앞서 대응하고 있다. 충남대학교와 카이스트 소비자학과와는 윤리적 소비 관점에서, 산업디자인학과와는 디자인 씽킹Design Thinking 차원에서 공공정책에 기여하는 방법을 찾기 위해 산학협동 연구를 진행하고 있다. 최근에는 해당 지역을 지역 혁신 캠퍼스로 만드는 과업을 공동 추진하기 위해 충남대학교, 유성구청, 대전과학산업진흥원과 업무협약을 맺기도 했다.

전통적인 주거복지나 사회적가치 추구의 움직임들이 첨단 금융 기법이나 기술과 만나는 최근 사례는 윙윙 외에도 몇 가지 더 있다. 그중 커뮤니티 화폐 송이를 소개한다.

커뮤니티 화폐 송이

아이부키가 운영하는 안암생활과 장안생활에 사는 사회주택 입주민들은 독특한 경제생활을 하고 있다. 입주민들 사이에서 통용되는 지역화폐 또는 커뮤니티 화폐로 불리는 송이 덕분이다. 독자 앱에서 1원당 1송이를 구매한 뒤 이를 이용해 입주자 사이에서, 입주자와 공급자 사이에서 물품이나 서비스를 구입할 수 있다.

송이는 특히 1인가구에게 주거생활의 새 지평을 열어줬다. 예를 들어, 1인가구들은 수박처럼 혼자 먹기 부담스러운 과일을 사기가 어렵다. 그런데 안암생활과 장안생활의 입주민들은 송이를 활용해 상대적으로 편하게 음식을 살 수 있다. 음식을 오래 보관했다가 상할 일 없이, 1인분의 식사를 만든 뒤 남은 재료는 가격을 책정해서 사진을 찍어 앱에 올리면 된다. 구매를 희망하는 입주자는 송이를 지불한 뒤 재료를 가져가는 방식이다.

일반 셰어하우스에서는 입주민 사이에서 남의 음식을 허락없이 가져갔다가 갈등이 일어나기도 해서 냉장고 칸별로 자물쇠를 채우는 극단적인 경우도 있다고 하는데, 송이는 IT기술을 공동체 운영에 적절하게 조화시킨 좋은 예다.

물품뿐만 아니라 공용공간을 대여하거나 간단한 도움을 주고받은 뒤 이를 송이로 적립할 수도 있다. 적절한 보상 체계는 자원봉사나 각종 사회적가치를 만들어내는 활동에도 중요한 역할을 한다. 아이부키의 송이는 정량화하기 어려운 호의의 대가에 대한 무임승차자를 막고, 주거 플랫폼과 핸드폰 플랫폼을 기반으로 상호 존중을 이끌어내는 새로운 질서를 만들어냈다.

　개인간 자발적으로 프로토콜(규약)을 정해 블록체인을 기반으로 한 탈중앙화와 탈 독점화 방식으로 거래비용을 절감하고 공정한 분배를 실현한다는 '프로토콜 경제'와 유사한 질서가 커뮤니티 화폐를 통해서 생성된 것이다. 사회주택과 같은 공간을 공유하는 이들 사이에서 커뮤니티 화폐를 사용하는 것은 경제활동의 생태계를 선순환하게 하는 데 큰 역할을 할 것이다. 물론 이는 일확천금을 기대하는 코인 투자와 다른 차원의 이야기이다. 실생활에서 활발하게 사용하면서 사용자 공동체 내에서 가치를 축적해가는 프로토콜 경제의 본래 취지는, 묵혀놨다가 시세차익을 얻는 식의 코인 투자와는 성격이 완전히 다르기 때문이다.

　여기서 나아가 공동 활동이 창출한 가치를 화폐에 반영한 것을 바탕으로 자본을 조달하는 STO^Security Token Offering와 연계한다면 이를 부동산 금융에 활용할 수도 있을 것이다. 초기 건설 비용을 장기간에 걸쳐 상환해야 하는 주택 사업에 필요한 대안적 재무 모델이 될 수도 있다. 사회주택을 통해 주택 분야에서 대안적인 금융 구조를 만드는 일에 첨단기술이 어떤 역할을 할 수 있을지 기대되는 대목이다.

3
혼자 그리고 같이,
모두가 주인이 되는 공동체

꼭 셰어하우스처럼 거실이나 부엌을 공유하는 경우가 아니더라도 커뮤니티가 활성화된 사회주택은 많다. 공공지원을 하는 조건으로 커뮤니티 공간 설치와 프로그램 운영을 의무화한 경우도 있지만, 애초에 이 사업에 뛰어든 여러 풀뿌리 조직들이 스스로 공동체를 중시하며 입주민의 자율성과 자치활동을 존중하고 장려했기 때문이다.

이러한 공동체 활성화는 사명이나 취지를 넘어 실리상의 이로운 점이 분명 있다. 사업자 입장에서는 서비스의 대상이 아닌 파트너로서 입주민(조직)이 생기면 보다 편해진다. 운영에 들어가는 수고가 적어지고 공실률도 줄어들고, 주택의 관리도 수월해지며 건물 품질 유지에도 도움이 된다.

그런데 요즘 시대에 공동체라는 표현이 부담스럽게 느껴질 수도 있다. 사람들이 집을 구할 때 공동체를 중요한 요소로 고려하는 경우도 흔치 않다. 사회주택에 살고 있는 임차인에게도 처음에 그 집을 선택한 이유를 물으니 1위는 임대료, 2위로 입지 조건이 뽑혔다. 반면 커뮤니티는 5~6위에 머물렀다. 그럼에도 사회주택에 직접 살아본 입주민들의 후기는 다르다. 경험해보니 서로 사생활을 존중하고, 급한 사정이 생길 경우 도움을 주고받기도 하며, 혼자 지내더라도 마음이 든든해진다는 증언이 많다.

사회주택 거주자들의 만족도를 조사한 결과, 지속 거주 의향이 74.1%, 타인 추천 의향이 79.9%로 나타났다.[2] 다음은 함께 살아보니 더 좋더라는 사회주택의 이야기를 소개한다.

사소한 혁명, 관리비 페이백

공동주택에서는 임대·자가 무관하게 관리비를 낸다. 공용공간 청소, 엘리베이터 전기 비용 등을 충당해야 하기 때문인데, 이때 간혹 이슈가 생긴다. 주로 관리비의 사용처를 확인하기 어렵거나 관리비가 월세 수준으로 비싸게 책정될 때가 그렇다.

한편 셰어하우스는 거실이나 주방, 어떤 경우에는 화장실까지 공유하기에 생활공간에서 입주자들이 마주칠 일이나 공동 경비로 처리할 사안이 많다. 그 때문에 셰어하우스는 다른 주택들보다 공동체의 분위기가 주거 만족도에 미치는 영향이 크다.

온쎔이 운영하는 어느가족은 서울시의 빈집 리모델링형 사회주택이다. 어느가족 독산점과 은평점 모두 비어 있던 단독주택을 리모델링해서 셰어하우스로 운영하고 있다. 이곳에서는 공용 공간에 필요한 물품을 직접 구입해 사용할 수 있도록 관리비에서 페이백(환급)을 해준다. 이는 단순한 생활 유지뿐만 아니라 입주자 간 친목 모임을 장려하는 데 긍정적인 매개가 된다. 입주자들의 생일 파티나 야식 모임에 지출되는 간식비 역시 일정 비용 내에서 같은 방식으로 지원하고 있다. 덕분에 실질적인 관리비 사용에 대한 민원이 없고, 운영기관 입장에서도 업무 부담이 줄어드는 장점도 있다.

이는 입주자와 운영자 사이의 상호 신뢰가 없다면 작동하기 힘든 모델일 것이다. 사업자도 처음부터 관리비 페이백 제도를 시행한 것은 아니다. 온쎔의 관계자는 "운영사가 직접 공용 물품을 지급할 때는 입주자의 생활 패턴에 따라 생필품 교체 주기가 일정치 않아서 제때 공급하는 것이 어렵고, 입주자들의 요구에서 합의점을 찾기가 난감했던 고충이 있다"고 했다. 그런데 입주자들이 환급받은 돈으로 직접 필요한 물건들을 구매하니 시간이 지날수록 입주자의 니즈를 파악하기 수월해졌고, 이런 데이터를 바탕으로 사업 모델 개선에 시사점을 주는 장점이 있다고 한다. 매달 구매 내역을 살펴보며 입주자들이 어떤 물품을 얼마나 필요로 하는지, 어떤 종류의 커뮤니티 활동을 원하는지를 파악할 수 있기 때문이다.

관리비 페이백 시스템의 의의는 입주자와 운영자 사이의 신뢰를 끌어내는 것에서 끝나지 않는다. 입주자들은 자신이 낸 관리비의 사용처를 투명하게 알 수 있고, 서로가 소통하는 촉매가 되어주기도 한다. 이는 자연스럽게 입주자들의 자치 운영을 독려하는 계기가 되었다.

이처럼 사회주택은 공급자 중심이었던 과거의 시각에서 벗어나 수요자의 만족도와 신뢰도, 수요자 사이의 자치와 자율성의 가치를 생각하고, 이를 지원하는 질서를 스스로 만들어가고 있다.

풀뿌리와 밀착한 운영위원회, 임차인 공동체의 자율성

사회주택 전문 기업을 표방하는 주식회사 어울리는 정기적으로 운영위원회를 개최한다. 운영위원회는 입주자들만의 반상회가 아닌 입주자 대표와 사업자가 만나는 자리다. 이곳에서는 관리비 수입 지출 내역 보고, 공과금 고지서 내역 보고 및 주택 운영 관련 사항을 비롯해 입주자 송년 모임 계획 등 커뮤니티 활동에 대해서도 논의한다.

사업자 대표가 입주자들이 모아온 질문에 성실하게 답변하는 모습은 어울리를 비롯한 많은 사회주택이 입주자들과 거리가 얼마나 가까운지, 풀뿌리 밀착성이 어떻게 가능한지를 보여주는 사례일 것이다.

어울리의 에어스페이스 3호점 입주민 권유은 님은 이렇게 말한다.

"제가 입주하면서 놀랐던 적이 세 번 있어요. 처음 현장 방문 갔을 때, 대출에 문제가 생겼을 때, 전 집주인과 보증금 문제가 생겼을 때인데요. 직장 때문에 업무 시간에는 집을 볼 수 없었는데, 8시에 방문해도 된다는 안내에 퇴근하자마자 에어스페이스 3호점에 갔죠. 그때 안내해주신 분이 사회적기업 어울리의 김수정 대표님이셨어요. 직원들은 다 퇴근해서 직접 오셨다면서, 정말 자세히 안내해주셨는데 감사하기도 하고 더 믿음이 가서 입주를 다짐했어요.

이전에 집을 구할 때는 보통 집주인들이 갑이고 저는 항상 을이었거든요. 반면 어울리 입주 과정은 동등한 관계, 아니 그보다 더 나아가 제가 보살핌을 받는 느낌이 들어서 정말 불안하지 않고 편안하게 입주할 수 있었습니다."

민달팽이주택협동조합이 운영하는 달팽이집이나 함께주택협동조합의 함께주택 등 입주자 커뮤니티의 자율성에 대한 사례는 끝이 없다. 두 협동조합은 입주자가 조합에 가입하는 형태로서, '마을과 집'이나 '유니버셜' 같이 비조합원인 입주자를 대상으로 임대 사업을 하는 협동조합과는 성격이 다르다. 협동조합에 조합원으로 가입하지만 협동조합이 소유한 주택을 다시 조합원으로서 간접 소유하는 셈이다. 이는 덴마크나 스웨덴의 주택협동조합과 유사한 형태다. 세입자로 임대료를 내는 것은 조합원 입장에서 조합의 재산을 유지하는 비용을 내는 것과 같다. 입주 보증금에 조합 가입의 출자금을 포함하여 처리하고 관리비 역시 조합비를 내는 것에 포함하면, 일반 주택의 임차인으로서의 의무가 협동조합의 조합원으로서의 의무를 갈음하게 된다.

이렇게 두 마리 토끼를 잡는 방법은 공동체가 만든 주택에서 소유와 임대의 구분이 어려워질 때, 조합원의 정체성과 세입자로서의 이해관계를 어떻게 충돌 없이 조율시킬지 고민한 결과다.

물론 조합비의 강제성 문제를 생각할 수 있겠으나, 처음부터 조합 가입자격에 차별을 두지 않고 조합원이 이사를 가고 싶어 하거나 탈퇴를 원할 때 언제든 탈퇴 처리를 해준다면 문제 될 것이 없다. 조합 가입이라는 명분과 조합비를 월세나 관리비로 처리한다는 실리를 결합하고, 공동체의 정체성과 재정 투입의 형평성을 이루는 방법을 고안해낸 모범 사례라고 할 수 있겠다.

간섭하지 않는 느슨한 공동체

공동체 생활은 특히 1인가구들에게 객지 생활이 주는 고립감을 극복하는 대안이 되기도 한다. 한지붕협동조합의 스마트윌 입주자 한영우 님은 이웃과 적정한 거리를 두면서도 자연스럽게 친구를 만들수 있었다고 한다. 어느가족 독산점의 정승미 님은 이웃과 마주칠때 최소한의 예의를 갖추면서 상대방의 대화 의사 여부를 존중하고, 서로 방해하지 않되 가까운 곳에 사람이 있다는 걸 느낄 수 있는 정도가 이상적이라고 생각한다. 그런 면에서 사회주택은 적절한공간과 공동체를 제공해주는 곳이 돼주었다.

이런 '느슨한 공동체'를 대규모로 기획하고 홍보하며 출발한곳이 더함의 위스테이다. 위스테이는 첫 번째 사업으로 경기도 남양주 별내에 아파트 단지 형태로 7개 동 491호의 주택을 공급했다. 이곳은 여느 아파트 단지와 확연히 다르다. 실내 평면 구성에 최신설계 경향이 반영된 것은 일반 민간 건설업체와 비슷하지만, 커뮤니티시설 면적만 약 2천8백 평으로 일반 아파트 단지의 2.5배에 이른다.

공동체 공간은 설계단계부터 예비 입주자들의 의사를 반영하여 카페, 체육관, 책방과 같은 휴게시설이나 편의시설 외에도 목공소와 창작소, 텃밭과 방송국처럼 주민들이 직접 생산 활동에 참여

위스테이 별내 전경(출처: 더힘)

위스테이 별내 동네책방

하는 공간도 함께 구성되었다. 이는 설계과정에서 주민들과 함께하는 워크숍을 통해 실거주자의 의사를 최대한 반영했기에 가능했다.

최근엔 막걸리 동호회가 발효실에서 직접 막걸리를 빚다가 아예 양조장을 차렸다(다만 아파트의 근린생활시설에 입점할 수 없는 업종이라 판매 목적의 양조장이나 회사 자체는 외부에 차려야 했다). 이외에도 '60+센터'에서는 주로 은퇴자 중심으로 주민들과 만 보 걷기 운동이나 마을 택배 사업도 계획 중이며, 커뮤니티센터 청소로 소소하게 용돈을 벌 기회도 만들고 있다고 한다.

2020년 가을에는 아파트 단지 내 잔디 광장에서 결혼식이 열렸다. 당시 코로나로 인해 예식장 대신 야외에서 결혼식이 열리자, 위스테이에 사는 어린이들이 활동하는 합창단에서 축가를 불렀다. 주민들이 베란다에서 축하를 해주는 모습은 사회주택은 물론이요, 한국 주택정책사에도 길이 남을 만한 장면이 아닐 수 없었다. 그뿐만 아니라 베란다 콘서트가 개최되기도 했다.

위스테이를 기획한 사회적기업 더함의 김종빈 이사는 이렇게 말했다.

"위스테이 공동체는 꾸밈이 없어요. 주민들은 입주 전부터 스스로 마을을 만들어가며 공동체의 힘을 체감하게 됩니다. 이후에는 공동체를 강제하지 않아도 여러 사안에서 누구나 자연스럽게 '함께'의 방법을 먼저 생각하고, 크고 작은 커뮤니티 그룹을 만

단지 내에서 이뤄진 결혼식과 베란다 콘서트

드는 일에 익숙해지는 것이죠. 느슨하기에 오히려 강제 참여나 소수의 희생이 사라지고 공동체의 본질이 피어난다고 생각합니다."

위스테이는 단일 단지뿐만 아니라 인근 임대주택 및 분양주택과 연계한 운영 방안 목표도 가지고 있다. 여러 아파트 단지가 밀집해 있는 택지지구의 특성을 살려 2~3개 단지가 주민 시설을 특화하고 서로 연계 및 운영하는 방안이다. 예를 들어, 아파트의 A단지는 영유아 특화, B단지는 청년 특화, C단지는 시니어 특화로 주민 시설을 설계하고 운영한다. 이를 통해 시설별 장점을 극대화하고 단지별로 고립 혹은 단절되는 섬 현상을 극복할 수 있을 것으로 기대한다.

이는 앞서 신림동의 사회주택 클러스터링이 가진 문제의식과도 통한다. 서울 시내 사회주택은 주로 1인~2인 가구들을 대상으로 하는 반면 위스테이 별내는 육아 등 3~4인 가구의 주거 서비스 수요에 좀 더 초점을 맞춘다. 단지의 별명 중 하나가 육아 친화 주택단지일 정도다.

함께 돌보는 육아 공동체

위스테이에는 3세 이하 대상 동네키움방, 산새꽃 어린이집, 초등학교 저학년 대상 동네 자람터 등 연령대별로 이용 가능한 공간이 있다. 돌봄 전용 공간이 아닌 시설도 아이들을 이용 주체로 만들었다. 실거주자들이 설계와 자재 공급 과정에도 참여해 믿을 수 있는 품질과 재료로 놀이기구를 마련했다. 아이를 키우는 거주자들이 만든 돌봄 위원회를 비롯해 크고 작은 육아 커뮤니티들도 활발히 활동 중이다.

다른 동네에서 살 때는 육아 정보를 얻을 공간이나 상의할 이웃이 없어서 초보 엄마로 하루 종일 아이와 사투를 벌였다는 임수현 님은 위스테이에 온 뒤 '이사하길 정말 다행'이라고 안도의 한숨을 내쉬었다. 전에는 교류할 이웃도 없고, 아이를 데리고 산책하는 게 전부였는데, 이곳에서는 돼지띠 아이를 둔 '꿀꿀이 부모들'이 서로의 사정이 급할 때 아이도 맡기고, 코로나 당시 자가 격리된 집을 위해서 장도 대신 봐주고, 아빠들과 역할을 나누어 맡아 엄마들의 자유 시간도 마련했다며, 덕분에 다시 직장에 다니면서도 "육아 만족도는 100점"이라고 자랑했다.

아파트 단지형 사회주택에만 육아와 돌봄 서비스가 결합되는 것은 아니다. 서울시 관악구 행운동에는 지역공동체 아이돌봄 협동조합인 사회적협동조합 서로돌봄이 사회주택에 만든 육아 공간이 있었다. 그곳은 사회주택 사업자 녹색친구들의 다세대주택형 사회주택 녹색친구들 행운점에 만든 공감서봄이(었)다. 아쉽지만 2022년 1월부터 지역의 청년 문화예술협동조합에게 공간을 이양했기에 과거형이 되었다. 코로나 당시 대면 활동의 어려움이 큰 영향을 미쳤다고 한다. 과거의 역사가 되어버렸지만 그럼에도 몇 가지 시사점이 있다.

공간서봄을 만든 사회적협동조합 서로돌봄의 기원은 2015년부터다. 당시 마을공동체에서 아픈아이돌봄협동조합(준)이나 행복중심생협 조합원 중심의 공동 육아 모임 다행 등이 운영되고 있었다. 지역 주민 수요 조사를 통해 돌봄 지원에 대한 요구가 큰 것으로 확인됐는데, 정작 자치구의 영유아 통합돌봄 사업은 폐지되는 시점이었다. 그리하여 공동육아가 대중적으로 가능한 시스템을 만들기 위해 이에 관심 있는 지역단체와 주민들이 의기투합한 것이 협동조합 창립의 계기였다. 2016년 '서울시 사회적경제 특구 사업'으로 제안해서 3년간 지원을 받게 되어, 협동조합 어린이집을 만들기 위해 5개의 가정에서 시범 운영을 시작했다.

이어 관악구 신림동 권역인 서원동에 서봄 어린이집을 2018년부터 시작해 인가를 받고 2019년에 개원했다. 그러던 중 봉천동 권역에 사회주택이 지어지는 것을 알게 되어 추진된 것이 공간서봄이다. 2019년 8월부터 공동육아를 체험하는 서로돌봄학교, 지역 주민 나눔 교육 등이 진행됐다.

다음은 서로돌봄학교의 구명숙 전 이사의 이야기다.

"사실 관악구는 공동육아 운동에 남다른 역사가 있어요. 난곡동에서 시작한 공동육아가 거의 국내 최초라고 볼 수 있는데, 어쩌다 보니 관악구보다 다른 곳에서 더 활성화된 것 같아요.

어쨌든 저희가 이 일을 시작하려고 할 때 무엇보다 힘들었던 것이 장소 찾기였어요. 너무 비싸지 않으면서 안정적으로 장기간 임차할 수 있는 공간을 찾는 게 어디 쉬운가요?

그러다 우연하게 녹색친구들이 행운동에 집을 짓는다는 소식을 접하고 직접 연락을 했죠. 건물의 근생 공간을 저렴하게, 무엇보다 장기간 안정적으로 빌릴 수 있었던 점이 우리에게 큰 장점이었어요. 우리의 취지를 들은 담당자와 이야기도 잘 통했어요. 이미 설계승인을 받은 상황이었는데도 어린이집을 만들기 위해서 추가로 설계변경을 해주시기도 했어요."

이 경우에는 사회적 경제조직들끼리 서로의 특성을 이미 알고 있던 것이 시너지효과를 발휘했다. 공간 운영에서도 건물주, 건물 입주자, 육아 공간 이용에 따라 발생할 수 있는 각종 민원에 대해 사전 이해도가 높았기에 입주 협의 진행 속도가 빨랐다. 다만 주택 공사와 준공 시기, 보육 공간의 기능을 갖추어 인허가를 받는 시기를 맞출 수 있도록 조율하는 과정에서 어려움이 있었다.

개원 이후 육아 협동조합뿐만 아니라 아이들이 없는 시간대에는 지역사회단체들도 워크숍이나 회의 공간으로 유용하게 활용할 수 있었다.

구명숙 전 이사에게 앞으로 바라는 점은 무엇이 있을지 물었다.

"바라는 점이요? 언덕배기에 있어서 불편했던 점은 관악구의 숙명이라고 해야 할까요? 불편하긴 했지만 이 동네에선 경사지지 않은 곳을 찾기가 더 어려우니까요. 입지 조건이야 어쩔 수 없다 해도 사회주택이 지역 기반으로 뿌리내리려면 지역공동체 성장에 필요한 내용을 처음부터 같이 논의해서 설계단계에 반영할 수 있으면 좋겠어요. 입주민 전용 커뮤니티 공간이 될지 지역 주민도 같이 쓰는 공간이 될지, 같이 쓰더라도 이게 육아용일지 다른 용도일지에 따라서 달리 반영하면, 사는 사람들의 입장과 드나드는 사람들의 입장이 잘 녹아든 건물이 나올 수 있을 거라고 생각해요."

낮은 출생률에 관한 문제 제기가 연일 뉴스에 나오고 있다. 문제의 원인으로는 노동시간, 사교육비, 경력 단절의 문제와 함께 높은 주거비 문제도 빠지지 않고 거론된다. 시간이 없고, 돈이 없고, 공간이 없다는 것이다.

사회주택은 함께 힘을 합치는 공동육아를 통해 이러한 시간과 비용과 공간의 문제를 극복하고 있다. 어울리의 토지 임대부 사회주택에서는 신생아가 태어났다는 소식이 모두를 기쁘게 하기도 했다. 동시에 사회주택은 아이 낳기 좋은 세상뿐만 아니라 고령화, 질병, 장애 등의 이유로 혼자서 독립적으로 살기 힘든 1인가구를 위한 돌봄과 주거 서비스의 결합에도 앞장서고 있다.

4
혼자여도 몸이 불편해도 함께 사는 세상, 돌봄과 사회주택

한국의 인구구조는 과거와 많이 달라졌다. 최근 1인가구가 전체의 40%를 넘어설 만큼 증가했고, 구성도 청·중·장년으로 다양해졌으며 1인가구로 살아가는 기간도 길어졌다.

현재 다양한 연령대의 고독사가 심각한 이슈로 떠오르고 있고, 혼자 사는 이들의 정신과 육체 건강을 챙기는 것이 개인의 노력을 넘어 사회적 과제로 확장되고 있다. 또한 다문화사회가 되면서 다양성을 받아들이는 정도가 넓어지고 있으나, 적대와 반목의 위험은 여전히 존재한다. 사회통합이나 공동체의 결속 차원에서 언제 위기가 찾아와도 이상하지 않은 상황이다.

2022년 서울시가 향후 정비사업에서 임대주택을 소음이나 일조에 불리한 위치에 몰아넣는 것을 방지하려 하고 분양주택과 임대주택의 동호수 추첨을 동시에 진행하겠다는 입장을 발표한 건 고무적이었다. 건물의 품질이나 입지와 같은 단지 내 차별 요소를 설계 단계에서부터 물리적으로 없애고자 하는 것이다.

그러나 돌봄이나 이웃 간의 갈등을 관리하는 건 건물을 잘 짓는 것만으로 해결하기 힘든 사회통합의 과제다. 따라서 적절한 역할을 하는 책임 있는 운영 주체가 필요하다. 1인가구가 많아질수록 돌봄과 같은 소프트웨어와 이를 운영하는 주체의 역량은 더욱 중요해질 것이다. 여기서는 돌봄을 통한 사회통합을 앞장서서 일구고 있는 사회주택의 사례들을 살펴보자.

유니버설 디자인, 유니버설 하우징

"서울 25개 구마다 하나씩 '유니버설디자인하우스'를 짓고 싶습니다."

유니버설하우징협동조합 심상득 이사의 포부다. 유니버설디자인하우스는 이 협동조합의 주택 브랜드로 유니버설 디자인 Universal Design 즉, 성별, 나이, 장애 유무나 국적에 따라 차별받지 않고 누구나 안전하고 편리하게 이용할 수 있는 디자인이 적용된 주택을 말한다.

유니버설디자인하우스 망우점 내부 사진(출처: 유니버설하우징협동조합)

이와 같은 주택은 신체장애인이나 고령 세대를 포함한 모두가 편하게 사용할 수 있도록 현관과 거실, 화장실, 발코니 사이에 수직적 단 차이가 없다. 손잡이나 레일이 설치되며 휠체어도 다니기 쉽도록 복도나 엘리베이터가 넓게 설계되었다. 현관이나 화장실에는 접이식 의자와 안전 손잡이가 설치되어 있고 문은 미닫이 설계를 원칙으로 한다.

유니버설디자인하우스 수유점은 '2020 대한민국 목조건축대전'에서 최우수상을 받았고, 2021년에는 '제1회 서울 유니버설 디자인 대상'에서 우수상을 받아 객관적으로 설계 품질을 인정받았다.

수유점 입주자 김지우 님은 이전에 보증금 5백만 원, 월세 30만 원인 원룸에서 살았다. 화장실까지 합쳐 3평 수준의 방에 빨래를 널고 나면 짐 놓을 공간도 없었다. 지금은 동생과 함께 월 임대료 19만 원인 투룸에서 지내고 있다. 사회주택 사업자들의 신용과 사업의 취지를 높이 사서 사회주택 전용 보증금 대출 지원을 해주는 사회공헌재단 덕분에 부족했던 보증금 문제도 해결했다. 김지우 님은 비장애인이지만, 유니버설디자인하우스는 장애인과 비장애인이 함께 어울려 사는 주택을 추구하기에 입주가 가능했다.

유니버설디자인하우스는 외부(도로와 주차장)에서 현관, 복도, 엘리베이터, 세대 현관, 커뮤니티 공간, 옥상까지 휠체어 이용자가 자유롭게 접근할 수 있도록 접근부와 공용부에 휠체어 접근성 기준을 적용한다. 전동 휠체어 탑승이 가능한 13인승 이상 장애인용 엘리베이터를 설치하고, 출입문과 복도 폭을 장애인 편의시설 기준에 맞춰 설계하는 것이다.

세대 내부는 보행 보조기를 사용하지만, 타인의 도움 없이 자립 생활이 가능한 신체적 기준에 따른 '유디베이직'과 휠체어 이용자, 시청각 등 특정 장애를 기준으로 한 '유디플러스'로 나뉜다. 유디베이직의 세대 내부는 일반 주택과 비슷하지만, 유니버설 디자인의 공용공간 덕에 평소 장애인 거주자와 자연스럽게 마주칠 수 있다고 한다. 김지우 님은 이런 '유디 공간 요소'에 대해 지금 당장 자신에게 필요 없더라도 추후 입주자 혹은 자신이 도움을 얻을 때가 있을 것이라고 했다.

유니버설 디자인을 적용할 때는 많은 비용이 들고 공용공간도 넓어지니, 임대료를 받을 수 있는 주거전용면적이 줄어든다. 주변의 민원도 간과할 수 없어서 일반적인 부동산 개발사업 측면에서는

구분		접근부	공용부	세대부
접근성 편의성	유디 베이직	• 도로-대지 단차 제거(무단차 또는 경사로) • 주출입구 통로 유효폭 1.5m 이상 • 장애인주차면 1면 이상 확보(안내표지는 식별하기 쉬운 장소에 부착하거나 설치)	• 외부-현관 단차 제거 (무단차) • 자동 미닫이 현관문 (유효폭 1m 이상) • 장애인용 승강기 설치 • 여유 있는 승강기 대기 공간 확보 • 편복도 1.5m, 중복도 1.8m • 안전 손잡이, 점자 표지판 설치	• 현관-거실-욕실 등 각 실 사이 단차 2cm 이내로 함 • 내부 문 폭 90cm 이상 확보 • 미닫이문(슬라이딩도어) • 각 실별 활동공간 최소 보장 기준 적용 • 최소 IoT 기준 준비 중
	유디 플러스			• 현관 전동 휠체어 등 보관 장소 • 내부 문 폭 100cm 이상 확보 • 욕실 내 안전 손잡이 설치(변기·샤워기 주위) • 욕실 내 샤워 의자
안전	유디 베이직	• 미끄러지지 않는 통행로 바닥 표면 (마찰계수 0.5 이상)	• 청각장애인용 피난구·통로 유도등 설치 • 시각장애인용 경보설비 설치	• 욕실 미끄럼방지 타일 (마찰계수 0.5 이상)
	유디 플러스		• 자동심장충격기(AED) 설치	

유니버설디자인 베이직과 플러스 비교표(출처: 유니버설하우징협동조합)

외면받기 쉽다. 공공이 지원하는 서울시 토지 임대부 사회주택사업
이라고 해서, 유니버설 디자인을 적용한다고 해서 재정적 지원을
더 해주는 것도 아니다(심사때 가점은 준다).

그런데 왜 이런 작업을 할까? 심상득 이사는 이렇게 말한다.

"저희는 이게 누군가 해야만 하는, 사회적으로 꼭 필요한 일이라고 생각합니다. 2015년도 조사에 따르면 다세대나 연립 같은 서울의 저층 주거지 소형 공동주택들의 90% 이상이 이동 약자들이 생활할 수 없거나 생활하기 매우 불편한 주택입니다. 현재 인구 중 5%의 장애인들이나 앞으로 초고령사회가 도래했을 때 이들이 생활할 수 있는 공동주택이 턱없이 부족한 현실입니다.

75세 이상 노인인구와 장애인을 합치면 약 15% 정도가 유니버설디자인이 적용된 주택의 수요층입니다. 이들을 위한 주택을 따로 만들어서 사회적으로 격리하는 것이 아닌 모두가 어울려 살 수 있는 '계층 혼합'이 구현된 마을을 만들어 가야 합니다.

그렇게 된다면 고독사나 우울증과 같은 사회적 문제도 해결하고 요양에 들어가는 사회적 비용을 줄일 수 있기에 결국 공공재정에도 도움이 될 것입니다."

유니버설하우징협동조합은 2016년 9월에 설립되었다. 2020년에는 국토교통형 예비 사회적기업으로 지정되었고 2021년에 창의혁신형 사회적기업 인증을 받았다. 그런데 여기엔 모기업이라 할 만한 조직의 역할이 있었다. 2004년부터 한국장애인인권포럼 사단법인을 만들어서 활동해 오던 이범재 대표가 (시각)장애인의 웹 접근성에 대한 컨설팅과 인증 서비스를 위해 2010년에 만든 웹와치가 산파 역할을 한 것이다.

웹와치는 2013년부터 웹 접근성 의무화에 따라 약간의 수익을 내게 되었는데, 이를 바탕으로 장애인들을 위한 사업 영역을 확장해볼 여력이 생겼다. 이범재 대표는 마침 당시 서울시의 사회주택 정책을 활용하여 디지털 공간의 접근성을 주거 공간의 접근성으로 확장해보자 깃발을 들었고, 심상득 이사와 다른 사람들이 조합원으로서 협동조합을 함께 만들게 되었다.

처음엔 공공이 땅을 저렴하게 임대해주고 건설비도 빌려준다기에 초보 진입자로서 리스크를 덜 수 있겠다 생각했지만, 실제 과정에서 고생스러웠던 점이 많아 후회도 했다고 한다. 심상득 이사는 현재 토지 임대부 사회주택 사업의 맹점을 다음과 같이 지적한다.

"주택 사업이라는 것이 토지와 금융을 조합하는 일인데요, 사회주택 사업도 변수가 많습니다. 쓸 만한 땅을 구하려고 발로 뛰는 일도 보통이 아니지만, 공공이 매입하기까지 사업자가 짊어지는 리스크나 비용이 너무 많아요.

사업자로 선정되기 위해서 희망하는 땅에 건축계획, 커뮤니티계획을 해서 심사를 통과해야 하는데 보통 땅 주인이 심사가 끝날 때까지 기다려주지 않거든요. 그러면 저희는 기획 설계비용이 이미 다 들어간 상태에서 심사를 통과해도 땅이 날아가는 경우도 있었습니다.

시중의 각종 금융제도와도 잘 안 맞아요. 현재의 건설 금융은 기본적으로 분양 패러다임이고 또 사업자가 토지를 가지고 있는 걸 전제로 짜여 있죠. 토지 임대부는 모두 낯설어해서 건설사업자가 토지를 가지고 있지 않다고 하면 돈을 안 빌려줘요. 공공이 보증을 서는 제도가 도입되었지만, 이해관계자가 많아서 막상 은행 창구에서는 공고문에서 이야기한 만큼 대출이 나오지 않는 경우도 많고요.

공공은 토지를 확보해서 자산가치 상승의 효과도 누리고, 토지임대료 수익도 가져갑니다. 보증금 비율에 따라 다르긴 하지만 사회주택 사업자가 입주자들에게 받는 임대료의 40~60%가 토지임대료로 공공 토지주에게 갑니다. 공공과 민간이 협력하는 사업이고 공동 공급, 임대 사업자로서 책임과 위험을 균형 있게 나눠 가져야 하는데, 토지 탐색부터 건축 사업, 임대 사업에 이르기까지 모든 리스크를 사업자가 짊어지고, 공공은 조력자가 아닌 감시자 역할을 합니다. 앞으로는 감시가 아닌 협력 책임과 부담의 균형을 원합니다."

공공 입장에서는 땅을 사주는 것만 해도 그간 한국에서 한 적 없던 큰 지원을 하는 것인데, 의회를 설득하고 제도 악용도 방지하려면 고민이 많을 것이다. 그렇기에 현 제도의 문제점과 개선 방향에 대해서 사업자들의 의견을 모으고 정리해 사회주택협회가 광역지자체나 중앙정부와 지속 협의 중이지만 진도는 더디다. 이러한 사업 방식 자체가 모두에게 낯설기도 하고 기존 제도를 바꾸는 과정이 쉽지만은 않기 때문이다.

그럼에도 불구하고 유니버설하우징협동조합이 계속해서 사회주택을 짓는 이유는 무엇일까?

"이 어려운 사업을 왜 하냐고요? 힘들어서 그만두고 싶을 때도 있긴 했지만 이유는 단순해요. 초고령사회 주거 문제를 대비하자는 마음입니다. 인구통계를 보면 10년 후에 2030 청년은 현재보다 200만 명이 줄어들고 60세 이상 노인은 500만 명이 늘어나요. 장애인 주거 문제에서 출발했는데, 고령화 추세를 보니 이동 주거 약자들이 소수가 아닌 시대로 가고 있는 거죠. 그래서 유니버설디자인을 적용한 모두를 위한 집, 다양한 계층과 세대가 공존할 수 있는 주택으로 개념을 확장했어요. 초고령사회 주거 문제 해결을 위한 소형 공동주택 설계 및 건축 기준을 제시하고 사회적 가이드라인을 만드는 것으로 목표를 높였어요.

우리가 유니버설디자인하우스를 많이, 잘 짓는 것도 중요하지만 미래를 위해 모두가 지켜야 하는 기준을 만들어내는 게 훨씬 중요하다고 생각합니다. 이상적인 기준에 그치지 않고 당위와 이론에 경험을 추가하고, 시장 환경, 사업성 등의 제약까지 고려해 시장이 수용할 수 있는 현실적 기준을 만들어보겠습니다. 유니버설디자인하우스는 그러기 위한 시제품이기도 하고, 기준을 눈으로 확인하는 모델하우스이기도 하겠죠?"

덧붙여 그는 최근 진행한 프로젝트에서 자신의 이상을 낮췄다고 전했다. 부동산을 전문으로 하는 회사가 아닌 만큼, 장밋빛 그림만 그리고 있었다면 냉엄한 현실에 맞게 수익성과 공익성을 조화시키는 요령도 배워야 할 것이다. 하지만 애초에 사업 구조 자체가 초기 90%의 공사 비용을 장기 임대수익으로만 충당하도록 짜인 상황이다. 이를 빨리 갚지 못해 높아진 부채비율을 이유로 임대보증금 보증보험 가입 신청도 받아주지 않는 등 공공정책이나 각종 제도가 오히려 사회주택을 '역차별'하는 것은 적절하지 않아 보인다. 공공 소유의 땅이고 사업자가 부도를 낼 경우 공공이 인수할 계획도 있으니 일반 민간임대주택보다 훨씬 안전한 집인데, 서류상의 자산에 '토지'가 없고 부채비율이 높다고 해서 천덕꾸러기 취급을 한다면 곤란하다.

심지어 일부 투기꾼들이 개인이 아닌 법인을 통해 주택을 사들인다는 이유로 법인에 대한 종부세 부과가 강화되어, 사회주택 사업자에게도 이 불똥이 튀는 상황이다. 앞으로 유니버설하우징협동조합이 꿈꾸는 주택 생태계가 건강히 자리 잡을 수 있도록 제도 개선이 이루어지길 바란다.

우리는 다 같이 다른 곳에 다다랐기에, 다다름하우스

2022년 10월 은평구 구산동에 지어진 다다름하우스는 발달장애 전문 사회복지법인 엔젤스헤이븐과 아이부키의 협동 작품으로, 성인 발달장애인의 사회적 고립과 단절 문제를 해결하기 위해 맞춤형 서비스를 도입한 커뮤니티 기반의 주거 모델이다.

다다름하우스 외관(출처: 아이부키)

5층 규모의 다다름하우스의 지하 1·2층엔 커뮤니티시설, 지상 1층엔 로비와 관리 사무소가 있고 2층부터 다세대주택 53세대가 들어간다. 안암생활이나 아츠스테이 영등포점처럼 사회주택 사업자가 기획한 건물이 완공되면 LH공사가 매입한 후 다시 운영을 위탁하는 방식으로 공급 및 운영된다.

LH공사가 2020년부터 도입한 매입약정-운영위탁형 사회주택을 통해 결실을 맺었지만, 아이부키와 엔젤스헤이븐이 만난 건 2016년 가을로 거슬러 올라간다. 보통의 성인 발달장애인은 부모의 집에서 사는 것이 아니면 장애인 거주 시설에 입소한다. 그런 현실에 문제의식을 가진 사회복지법인인 엔젤스헤이븐이 아이부키를 찾아와 발달장애인 자식을 둔 부모의 절박함을 전했다.

발달장애인을 위한 주거 공간은 신체장애인과 같이 유니버설 디자인이 반드시 필요한 것은 아니다. 그러나 자립을 위한 돌봄과 훈련이 일정 기간 필요하고, 이웃들과 함께 살아갈 수 있도록 세심한 전략이 녹아든 하드웨어가 뒷받침되어야 한다. 발달장애인도 부모의 노화나 경제적 형편에 따라 성인이 되면 자립을 해야 하는데, 이들이 홀로서기를 하기 위해선 이렇게 세심한 하드웨어와 소프트웨어 제공 기관이 연계된 주택이 필요하다. 그러기 위해선 소프트웨어를 제공하는 기관과의 유기적 관계가 중요하다.

다다름하우스는 입지 선정부터 어려웠다. 당장 땅을 구하려면 엔젤스헤이븐 소유의 복지시설 내 부지를 활용할 수 있었다. 다만 그렇게 할 경우 시설에서 벗어나 지역 커뮤니티 내에서 자립하고자 하는 취지가 무색해진다. 한편 엔젤스헤이븐의 복지시설로부터 너무 멀리 떨어진 곳이라면 지원 서비스를 지속적으로 제공하기가 어려워진다. 또 부지 면적이 너무 작으면 꼭 들어가야 하는 지원 시설의 비중에 비해 주거부문의 면적이 너무 협소해진다. 이렇게 되면 수익성이 떨어지고 입주자도 다양하게 구성하기 힘들다. 그런데 당시 예산 규모로는 적절한 위치에 적절한 크기의 땅을 구하기가 어려웠다. 당시 토지 임대부 사회주택의 경우, 한 건당 토지비가 16억 원 이내여야 했기 때문이다.

그 뒤 5년이 흘러 LH와의 협업으로 구상을 현실화할 수 있었다. 매입약정-운영위탁 방식 덕분에 주택의 설계단계부터 엔젤스헤이븐과 아이부키의 의도에 맞는 기획이 가능했다. 완공 직후에는 LH가 매입해줬기에, 토지 임대부 사회주택보다 상대적으로 큰 규모의 주택을 짓고도 공사비 상환 부담 없이 장기간 운영할 수 있게 되었다.

다다름하우스의 독특한 특징은 새로운 길을 냈다는 점이다. 주택 부지 자체는 엔젤스헤이븐과 맞닿아 있지만 두 공간 사이의 연결도로는 ㄷ자로 빙 돌아와야 하고 주변은 꽤 가파른 경사지다. 이에 다다름하우스는 기존 엔젤스헤이븐 부지 내에서 끝나는 막다른 길을 연장한 뒤, 다다름하우스와의 경계에 공용 엘리베이터를 설치하기로 했다. 공용공간을 광장과 지역 주민들을 위한 지름길로 제공하는 것이다. 이 길은 다다름하우스를 관통하여 지나는 이들이 누구든 서로 마주치면서, 일상에서 공존하고 있음을 평범하게 느낄 수 있도록 만들었다.

건물 내부 중정을 광장으로 만든 것은 독립된 생활을 보장하면서 공동체 소통 공간을 꾀한 것으로, '다 다른' 삶들이 만남에 '다 다르도록' 하는 것이다. 이를 통해 주민들은 티칭 키친Teaching Kitchen, 커뮤니티 존 등으로 갈 수 있다. 커뮤니티 공간에서는 비장애 청년들의 커뮤니티 활동을 지원하며 '마을 거실'과 같은 지역사회 기여형 수익 모델을 운영할 계획이다. 이를 기반으로 서비스 매니저와 주거 코디네이터가 의료, IoT(사물인터넷), 상담, 운동, 식사 등 다양한 영역에서 지역 자원을 연계하여 통합 서비스를 지원하는 것이 그들의 야심찬 계획이다.

장애인들이 지역사회에서 배제되지 않고 함께 살아갈 수 있도록, 느슨하지만 고립되지 않는 사회적 가족을 만드는 노력은 다양한 교육과 활동을 통해 구현할 수 있다. 장애인은 입주 전 자립 과정 지원 프로그램을, 비장애인은 장애 이해 교육을 받으며 입주자 모임과 커뮤니티 기획을 함께할 수 있도록 퍼실리테이터(촉진자)가 지원하는 것이다.

입주 후에는 공동체 규약 만들기, 나의 공간 꾸미기, 발달장애인 지원 모임, 입주자 정례 모임을 진행하고 여러 행사를 운영할 계획이다. 2024년 기준 발달장애인 16명, 시각장애인 1명, 자립 준비 청년 6명이 입주했고 나머지는 비장애 청년들이 입주한 상태다.

입주 기준이 청년에 한정되는 이유는 LH의 사회적 주택 제도의 틀을 빌려왔기 때문이다. 향후 공공주택 운영 지침을 개정하여 연령 제한을 넘긴 장애인이나 노인 세대까지 다양한 입주민을 받을 수 있다면, 사업자로서 유연한 운영에 도움이 되고 사회통합을 위한 공간적 계층 혼합(소셜믹스) 차원에서도 더 좋을 것이다.

아이부키가 한창 사업을 추진하던 2019년 기준, 서울시의 성인 발달장애인은 약 2만 명이었다. 지역사회 거주 모델이라 할 수 있는 '그룹홈(사회생활에 적응하기 힘든 장애인, 노숙자 등의 자립을 돕기 위해 서울시에서 도입한 복지제도)'은 182개소인데, 여기에 거주할 수 있는 인원은 총 720명에 불과하다. 96%에 가까운 나머지 발달장애인들은 갈 곳이 없어 가족에게 의존해야 하는 셈이다. 국가인권위원회의 2017년 중증장애인 자립생활 실태조사[3]에 따르면 이들의 지역사회 거주를 위해서 필요한 것은 주거(28%), 식사(22%), 일자리(20%), 생활 지원(11%)으로 나타났는데, 다다름하우스는 하드웨어와 소프트웨어를 제공하는 기관 간의 협업을 통해 이러한 필요에 부응하려는 것이다.

은평재활원의 시설과 사회복지공동모금회 사업으로 제공된

주택을 비교하면, 주택에 들어가는 비용은 시설의 약 절반 정도다. 시설화 즉, 탈 지역화에 들어가는 사회적비용이 훨씬 큰 것이다. 다다름하우스는 사회안전망을 '지역 속'에서 제공하여 사회적비용을 줄일 수 있다. 여기서 더 나아가, 커뮤니티와 맞춤형 서비스를 결합해 따로 또 같이 하는 느슨한 공동체를 만들고자 한다.

발달장애인들의 삶이 부모나 시설의 보살핌에만 갇혀 우리 사회에서 투명 인간으로 다루어지는 것이 아니라, 지역사회로 열린 다다름하우스의 공용공간에서 사는 것처럼, 함께 일하고 생활하는 모습을 자연스럽게 마주칠 수 있게 된다면 우리 사회도 더욱 성숙해질 것이다.

예술가와 청년, 장애인, 사회복지 활동가처럼 '다 다른' 사람들이 어울려 살며 사회통합에 '다다르는' 기획으로 은평구가 더욱 살기 좋은 도시가 되고 우리 사회의 가치도 향상될 것이라 믿는다. 시범 사업 격인 다다름하우스의 성공을 바탕으로, 사회주택 입주민들의 폭이 더 넓어지고 공간과 프로그램 유형도 다양해질 수 있도록 제도 개선이 뒤따르길 기대한다.

풀뿌리의 힘, 도담하우스

부산시 북구에는 사회주택을 활용한 통합 돌봄 지원 주택 도담하우스가 있다. 사회적기업 디자인팩이 공급하고 운영 중이다. 처음부터 사회주택으로 지어지면서 '케어안심주택'을 표방한 것으로는 다다름하우스보다 앞서 시작한 전국 최초의 사례라 할 수 있다.

이 지역에 통합 돌봄이 결합된 주택에 대한 아이디어를 제공한 디자인팩은 운영기관으로서 수요자들과 소통하면서 공간 조성과 이후 관리를 담당하고 있다. 만덕종합사회복지관은 도보 3분 거리에 있는 커뮤니티케어 공유 공간 만덕 어울락과 연계하여 주거 서비스 및 발달장애인의 자립 코칭 프로그램을, 북구청은 정책 및 거버넌스를 지원한다.

도담하우스는 사회주택 조례는 있어도 구체적인 토지나 금융 지원 프로그램은 없었던 부산에서, 사회주택용 기금이나 예산이 아닌 다른 재원을 활용한 사회적 기업의 독자적 노력으로 만들어진 풀뿌리 주도형 사회주택이다. 부산시나 중앙정부가 공식화한 제도로서의 사회주택은 아니라고 할 수 있다. 임대료 책정 기준도 서울처럼 주변시세의 80% 이하라는 제도적 기준을 따른 것도 아니다.

하지만 행정안전부의 지역 자산화 예산과 사회적기업의 자기 자본이 투입되고, 지역 사회복지관과 연계하여 고령자와 장애인을 위한 돌봄 서비스를 연계하는 등 추구하는 사회적가치는 명확했다. 공급 주체도 스스로가 사회주택을 표방했고, 임대료도 자체적으로 시세의 절반으로 책정했다. 따라서 광역시나 기초지자체에서 어떤 이름으로 이 사업을 지원했든, 이러한 결과를 '공공과 사회부문이 협력해 일구었다'는 점에서 사회주택의 기본 정의에 해당하는 것은 분명하다.

도담하우스는 2층 다세대주택을 리모델링하여 1층은 고령층, 2층은 발달장애인에 맞추어 주거 공간을 조성했다. 한 층에 3명씩 총 6명이 거주할 수 있다. 총 사업비의 80% 정도 되는 토지와 주택 매입 비용과 기초 공사 비용은 행정안전부 지역 자산화 사업 예산과 자부담 및 대출을 통해 충당했다. 나머지 비용과 집기류, 가전제품 구입비는 지역의 만덕사회복지관의 지원 주택 모델 사업비와 북구청의 통합 돌봄 사업비를 통해 충당했다. 이런 노력의 결과로, 사회적기업 디자인팩은 사회주택, 커뮤니티센터 조성 협력 등 지역사회 통합 돌봄 사업에 기여한 공로를 인정받아 2021년 12월에 보건복지부 장관 표창을 받았다.

도담하우스는 공공주도의 하향식 '톱다운' 방식이 아닌 사회적 경제주체 주도의 상향식 '바텀업' 방식으로 많은 어려움을 겪었지만, 풀뿌리 주도 모델의 장점도 잘 드러난다. 예를 들어, 도담하우스에는 통합 돌봄 정책 대상자 조건에 조금 못 미치는 취약계층이나 공공주택과 장애인 탈 시설, 양쪽의 사각지대에서 지원받기 힘든 재가 장애인도 입주할 수 있다. 복지·주거·예술 분야의 다채로운 인력이 결합하고 협력하기에도 수월하다. 결국 사회적가치를 추구하는 기업이 시민사회의 생태계 속에서 활동하며 주변으로부터 인정받는 것이, 국가가 법령으로 정하고 인증하는 사회적기업이나 사회주택의 부합 여부보다 중요할 것이다. 오히려 국가나 시장 영역 바깥에서 확보한 자원과 역량을 통해 폭넓은 자율성을 누리면서도 행정의 칸막이를 넘어서는 새로운 실험을 할 수도 있다.

물론 행정의 입장에서 이는 도담하우스나 디자인팩만의 특수한 경우일 뿐 보편화하기엔 힘든 모델이라고 여길 수 있다. 하지만 새로운 길을 열어가는 이들의 노력에 최대한 관심을 가지고 지원해야 결과적으로 더 좋은 세상이 가까워질 것이다. 끊임없는 도전을 하는 이들에게 우리가 언제나 빚을 지고 있는 이유다.

원래 디자인팩은 이름에서도 드러나듯 광고나 홍보물, 구조물 관련한 인쇄나 디자인 일을 하는 회사다. 그런데 어쩌다 사회주택 일을 하게 되었을까? 일단 사회적기업을 시작한 것이 먼저다. 홍보 디자인 관련 일을 하던 이흔 대표는 지인의 권유로 장애인 복지관에서 사회복지사로 일하면서 직업 재활훈련을 담당하여 취업 알선과 직무 지도와 같은 일을 했다. 그러다가 장애인 2명을 채용하여 함께 사업을 시작하게 되었다. 2014년에는 예비 사회적기업으로 지정되었고 2015년에는 고용노동부 인증도 받았다.

이흔 대표가 사회주택에 관심을 가지게 된 계기는 두 직원의 주거 문제 때문이었다. 장애인 자립생활 공동체 그룹홈의 운영 방침이 직장 생활의 생리와 맞지 않는 부분이 생기면서 약간의 갈등이 생겨났다. 이 문제를 해결하는 일이 쉽지 않았다. 회사 입장에서 보니 직원들을 위해 주택을 책임져야겠다는 생각이 들었다고 한다.

어떤 문제였을까. 그룹홈에서는 사회적응 훈련이나 취미 여가 프로그램 또는 의무적으로 진행하는 교육을 주로 일과 시간에 진행한다. 이렇게 되면 직장에 다니는 장애인들은 참여할 수가 없다. 또한 복지관이나 장애인 지원 시설이 주말에 문을 닫으면, 주말에만 쉬는 직장인들은 그 혜택을 누릴 수 없게 된다. 장애인들이 자립을 하기 위해서는 직장이 필요한데, 그룹홈의 운영체계에서는 이런 식으로 직장이 있는 장애인과 직장이 없는 장애인이 어울리기엔 상충하는 점들이 많았다. 결국 보호자들과 협의하여 대안적 주택 운영 방식을 찾다가 자연스럽게 사회주택에 주목하게 된 것이 이흔 대표가 사회주택 사업에 뛰어들게 된 배경이다.

"도담하우스는 고령층과 장애인을 고려해서 할 수 있는 것은 다 해보려고 해요. 유니버설 디자인은 기본이고요, 위생과 편의 측면을 더 강화하기 위해 입주자 선정 후에 마감공사를 하는 개별화 관점을 적용할 것입니다. 여기에 IoT 돌봄 시스템도 도입하고, 환경을 생각하여 주어진 상황에서 적용할 수 있는 패시브 건축 개념으로 리모델링했습니다.

이는 '통합 돌봄 선도 사업 정책'을 활용했기 때문에 가능했습니다. 정책 활용 과정에서 만덕종합사회복지관과 북구청 통합 돌봄계가 적극적으로 협조해주지 않았다면 불가능했을 겁니다. 이런 기회를 계속 기대하기는 힘들 것이니 앞으로는 자생력을 갖춰야겠지요. 그런데 종부세 부과 대상이 되는 등 법인이 주택을 소유하면 투기꾼 취급하는 제도에 큰 타격을 입기도 했습니다.

발달장애인들은 최소 2달 이상의 자립 집중 코칭이 필요합니다. 그런데 계획이 어긋나면서 못 하게 되었어요. 입주를 마냥 늦출 순 없으니 결국 디자인팩과 만덕종합사회복지관이 자체적으로 자립 코칭 매뉴얼을 만들고, 우리 직원분들이 직접 코치 역할을 하기로 했습니다.

저는 이런 사회주택 사이트가 4개 정도 마련되면 지역과 연계하여 자생력을 갖출 수 있을 거라 생각합니다. 예컨대 돌봄이나 지원 서비스가 사회주택 한 곳만 대상으로 하는 게 아니라 인근 사회주택 여러 곳을 상대로 하고, 다른 주거 서비스도 규모의 경제를 만들어내는 것이지요.

아울러 사회주택협회도 지역에서 하는 행사나 포럼을 늘려갔으면 좋겠습니다. 생긴 지 얼마 안 되기도 했고 모든 협회나 단체가 수도권 중심으로 활동하는 상황은 이해하지만 '허그라운드'(부산의 다른 사회주택 유사사례, 「5 지역사회, 도시재생과 사회주택」 참고)같은 곳이나 지역기업이 연계된 다양한 시설을 활용해서 저변을 확대하면 좋겠습니다."

디자인팩과 이혼 대표의 시선이 머무르는 곳은 사람들의 삶이 더욱 풍성해지는 마을로 거듭날 것 같다. 초기의 시행착오나 주변의 몰이해를 극복하고, 크고 작은 성과들을 바탕으로 디자인팩의 노력이 부산 지역 사회주택 역사의 첫 페이지를 근사하게 써 내려가기를 응원한다.

의료사회적협동조합의 부동산 진출? 중간 집 케어B&B

집과 병원 사이 '중간 집'의 첫 번째 사례라고 할 수 있는 케어B&B는 살림의료복지사회적협동조합(이하 살림)이 서울시 참여 예산 사업을 활용하고 LH의 매입형 임대주택을 빌려 탄생했다.

중간 집이란 퇴원 후 곧장 집으로 가기 어렵거나 수술 후 재활 중인 이들이 의료와 돌봄 서비스 및 일상생활 복귀 훈련을 받으며 지낼 수 있는 정거장 같은 집이다. 현재 병원에서 생활 중인 이들 중에서는 의료적 차원에서가 아니라 경제적 사정이 있거나 가족이 없어서 독립적으로 생활을 영위하기는 힘들어 입원하는 경우도 있다. 이러한 '사회적 입원자'나, 고관절 골절과 같은 급성 질병 치료 또는 수술 후 단기간 의료와 돌봄 및 재활훈련이 필요한 사람들이 이곳을 거쳐 자신이 살던 집으로 복귀하도록 돕는 것이 중간 집의 목표다.

앞서 부산의 도담하우스가 장기 거주를 목적으로 만들어졌다면, 케어B&B는 단기 입주자 중심형 재활 주택이다. 법이나 조례상의 사회주택이 아니고 매입임대주택의 운영을 위탁받은 경우지만, 풀뿌리부문이 주택문제 해결에 나서는 넓은 의미의 사회주택 정의에 충분히 부합한다. 의료와 관련된 사회적 경제주체가 주도하여 공공-사회-영리의 3자 협력 방식으로 재활치료와 주택을 결합한 것이다. 비슷한 문제의식으로 돌봄과 주거를 결합한 모델을 고민하는 이들은 관심을 가지고 이 사례를 참고하고 있다.

살림은 초기에 여성주의 건강관을 기반으로 의기투합한 의료인과 활동가, 지역 주민들이 '서로 협동하여 의료, 복지, 돌봄을 챙기자'는 취지로 만든 사회적 협동조합이다. 건강 교육과 건강 모임, 자원 활동을 통해 건강 자치력을 높이고, 안심하고 나이 들어갈 수 있는 마을을 함께 만들어가고자 한다. "건강하게 살고 싶다" "믿을 수 있는 의료기관이 있으면 좋겠다" "아플 때 좋은 돌봄을 받고 싶다" "병들고 장애가 있더라도 끝까지 존엄을 잃지 않고 살고 싶다" "끝까지 나답게 살다가 아는 얼굴들 사이에서 죽고 싶다"는 공통의 바람을 가진 주민들 약 3천6백여 명이 현재 조합원으로 모여 있다.

2012년 창립 당시에는 살림의료소비자생활협동조합으로 출발했는데, 조합 설립 후 시간이 흐르니 조합원들의 나이가 많아지면서 '당사자 돌봄'이나 '부모님 돌봄' 이슈가 자연스럽게 대두되었다. 중간 집을 표방하는 케어B&B도 이의 연장선이다. 일본의 의료생활협동조합의 다양한 사례를 보고 착안하여 꼭 노인이 아니더라도 돌봄이나 안정적인 주거가 필요한 1인가구까지 포함하는 중간 집을 구상하던 중, 서울시의 참여 예산 사업이 계기가 되어 현실화할 수 있었다.

케어B&B는 의료안심, 생활안심, 관계안심 세 분야로 구성되었다. 의료안심 분야는 정기적인 의사 왕진과 방문 간호, 간호 처치 및 재활 운동 등을 다룬다. 필요시 치과위생사가 방문하여 구강 관리를 진행하고 24시간 안심 콜도 운영하며, 구산보건지소 재활치료실과 연계하여 특장차 이동도 지원한다.

생활안심 분야는 소그룹 일상생활 훈련 과정, 요양보호사의 순회 돌봄, 교대근무 인력의 상주 외에도 식사 지원 등 다양한 프로그램으로 구성된다. 식사는 사회적기업이 제공하기도 하지만, 입주자가 스스로 만들어 먹기를 희망한다면 함께 장을 보거나 조리를 돕는 형태로 진행하기도 한다.

관계안심 분야는 입주자들 간의 공동체 거주 문화의 영역이다. 공유 공간과 옥상 공유 텃밭을 활용하여 정서 프로그램, 소모임 활동 등이 진행된다. 음악이나 놀이 프로그램, 한글 교육은 지역의 노는엄마협동조합과 테라페이아 협동조합과 연계하여 진행했다. 지역단체 협업과 함께 지역 주민과의 관계도 신경 쓰고 있다. 입주 청소, 옥상 벽화와 같은 공간 조성 지원 활동에는 직접 주민들이 참

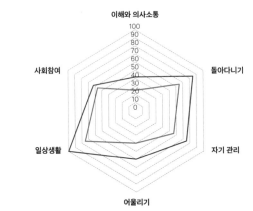

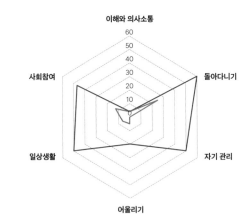

케어B&B 입주자들의 대상자 신체 활동 능력 평가 결과 비교

※점수가 낮을수록 좋은 결과이다. (출처: 케어B&B)

여하기도 했다.

케어B&B에는 만 63~88세의 고령자들이 입주했다. 주로 뇌경색, 파킨슨, 뇌졸중, 척추 압박 골절, 하반신마비, 욕창, 관절염 수술 등으로 회복 중인 이들에 대한 재활 프로그램 운영의 성과도 구체적으로 확인할 수 있다.

살림이 자체 조사한 연구 결과를 보면, 대부분의 참여자가 입주 후 신체 활동 능력이 향상된 것을 알 수 있다(옆 그래프 참고). 중간 집의 목표를 잘 달성한 것이다. 특히 고령자의 의료 부담을 늘리는 낙상과 욕창 분야에서의 성과는 향후 불필요한 혹은 예방할 수 있는 입원을 막고 고령자들의 지역사회 거주 기간과 거주 가능성을 늘려줄 것으로 보인다. 살림의 보고서에 나온 구체적 사례를 더 살펴보자.

〈사례1〉

A씨는 운동 중 쓰러졌다. 의료시스템 상에서 가능한 입원 치료 및 재활 기간이 마무리되고 있었지만, A씨는 여전히 자택 복귀에 대한 불안과 두려움을 느꼈다.

그러던 중 당시 버스 정류장에 붙어 있던 케어B&B 포스터를 본 지인의 소개로 절차를 밟아 입주하게 되었다. 케어B&B에서의 재활은 일상생활 복귀에 필요한 내용으로 구성되었다. 대중교통 이용을 위해 필요한 구체적 기능 강화 및 일상생활 훈련이 주요 내용이었다. 입주 기간 중 수술 일정을 잡고 이후엔 병원 입원과 재활이 가능하여 퇴원 전 케어B&B 퇴거 절차를 진행했다.

〈사례2〉

B씨는 돌봄 가족으로 배우자와 함께 케어B&B에 입주했다. 입주 전의 긴 병원 재활 동안 도전하지 못했던 요양보호사 자격증 취득을 시도하던 중이었는데 케어B&B에서 생활하며 자격증 취득을 마무리했다. 옥상 텃밭 프로젝트에도 참여하여 정서적 안정을 얻고 일상 복귀 준비를 순조롭게 할 수 있었다.

〈사례3〉

C씨는 뇌졸중 이후 거동이 불편해졌다. 그럼에도 장애인 체육시설을 이용하며 적극적으로 일상을 유지하던 중 낙상으로 고관절 골절상을 입었다. 이후 생활 반경이 줄어들게 되어 걱정하던 중 케어B&B에 입주하게 되었다.

원래의 집은 계단을 올라가야 하는 2층에 있었던지라, 무엇보다 계단 보행을 강화하는 재활 집중이 필요했다. 여기에 인지 요가, 재활 필라테스 및 작업치료 훈련을 통해 환측의 변형이 완화되고 근력이 강화되면서 계단 보행이 수월할 만큼 회복되었다.

서울시 참여 예산 사업으로 확보한 운영 기간은 아쉽게도 2022년 1월 이후 종료되었다. 케어B&B 경영기획 팀장에게 이후의 전망을 물었다.

"저희는 건강 자치력을 증진시키는 것을 표방합니다. 건강 자치력은 쉽게 이야기하면 타인에게 의존하지 않고 스스로 몸을 돌볼 수 있는 능력을 강화하는 것입니다. 수동적 존재가 아닌 서로 돌봄의 관점에서 자신을 돌보는 것을 비롯해 복잡한 사회관계를 맺고 유지할 수 있는 능력까지 포함하는 것이죠. 그래서 건강 자치력 향상은 사회생활 지원까지 확장하는 것이 필요합니다.

케어B&B를 운영하면서 중간 집의 유형을 세 가지로 확인할 수 있었어요. 첫 번째 유형은 밀착 돌봄이 필요한, 2달 이내 단기 입주자의 경우입니다. 두 번째 유형은 단기 입주인데 독립생활은 가능한 수준입니다. 집이라는 일상 공간에 적응하는 과정이 필요한 분들을 위한 돌봄이죠. 세 번째 유형은 장기 입주가 필요한 경우인데요. 안정적인 거주가 가능한 곳에서 일상과 지역사회와의 관계를 회복해야 하는 경우라 하겠습니다.

그런데 이 세 유형을 하나의 공간에서 진행하기엔 조금 어렵습니다. 애초에 중간 집으로 설계된 주택이 아니기도 하고, 밀착 돌봄 인력을 배치하기 어려웠던 점도 있었죠. 개인 호실은 있지만 공동시설도 사용할 수 있게 하려면 지금처럼 다세대주택을 활용하는 것보다 차라리 시설이 더 나은 것 같기도 합니다.

두 번째 유형의 경우, 척수장애인협회에서 하는 '체험홈'이라는 프로젝트가 있는데요. 선배 장애인이 멘토가 돼서 새로 장애를 입으신 분들에게 일상생활 복귀와 관련된 가이드와 훈련을 도와주는 시스템입니다. 우리 중간 집과 취지와 시스템이 유사하지만 입주 기간을 1달로 제한하는 차이가 있어요. 신체 불편은 다양한 형태로 찾아오는데 이런 변화된 몸 구조에 맞춰서 내 집과 비슷한 환경에서 일상생활에 복귀하는 훈련이 필요한 건 확실하게 검증되었고 그렇게 긴 기간일 필요는 없거든요. 이런 영역은 우리 케어B&B가 잘할 수 있고 또 효과도 좋은 영역 같아요.

세 번째 유형은 지원 주택과 연계되는 것이 좋을 것 같아요. 노인주택에서 의료 돌봄을 집중하는 구조가 될 테고요. 노년에 생활 패턴을 바꾸고 이사를 가는 건 쉽지 않은 선택이니 거주 기간의 안정성이 중요한 요소가 되죠.

이번 케어B&B 사업 자체는 올해 들어 종료 예정이고 환자들은 모두 퇴거하셨어요. 참여예산제 덕분에 각종 실험, 조합활동을 하면서 주민들과 소통하는 계기가 된 것이 큰 보람이자 성과 같아요. 하지만 이게 또 비용 문제랑 연관되니 지속 가능한 사업이 되려면 일회성 예산을 넘는 제도화가 중요하겠습니다. 저희는 의료 재활 비중이 높았는데요, 전문가가 내부에 있는 것이 리스크 관리에 매우 중요하다고 느꼈어요.

이번 케어B&B처럼 지어진 주택에 들어가서 잘 활용하는 것도 방법이지만 다다름하우스가 부러워요. 그곳처럼 초기 구상 때부터 건축가나 주택 사업자분 들과 같이 운영 취지에 맞게 공간 기획을 하면 좋겠어요. 이번 경우는 공공주택을 위탁운영하는 프로그램이어서 행정적인 제약으로 리모델링도 전혀 못 하고, 안전바 부착 정도만 했는데 그것도 사업이 종료될 때 다 떼고 나와야 했죠."

안전바는 비장애인에게도 유용할 수 있는데 전부 떼고 나와야 했다니. 인터뷰를 하다가 마지막 답변에 놀라 되물었다. 행정 담당자들도 다방면으로 방법을 찾아봤지만, 결과적으로 계약서상의 원상복구 원칙대로 할 수밖에 없었다고 한다. 공공의 경직성이 여실히 드러난 경우인데, 참으로 허탈한 이야기다. 경영기획 팀장은 그래도 한국에서 다양한 주체가 협력해 진행한 사업으로 성공적인 사례가 될 수 있겠다고 생각한다며, 예산이 마련되면 또 사업을 진행할 의사를 밝혔다. 그 외 행정과 협력하는 과정에서 겪었던 어려움이나 향후 바라는 바를 더 들어보았다.

"우리가 이번에 확인한 두 유형에서 건축물의 공간을 개선할 부분도 알게 되었고, 전담 인력을 두기 위한 적정 호실 규모도 파악했어요. 내부 시설 만족도는 어느 정도 달성했지만 위치가 언덕배기여서 한번 귀가하면 다시 외출하기가 어려워 생기는 고립감도 있었거든요. 앞으로 LH가 하는 테마형 매입임대에 참여해서 적당한 입지에, 우리가 구상하는 프로그램에 맞는 집을 지을 수 있으면 좋겠어요.

아, 하나 더 바라는 점이 있어요. 이게 참여예산제를 통해 주무 부서를 배치받으면서 어르신복지과로 가게 되었는데요. 그 결과 60세 이상만 입주하게 되었습니다. 재활이 필요하신 분들 중 59세 이하는 못 들어오게 하는 것도 아쉬웠죠. 입주 자격 역시 앞으로 개선될 수 있으면 좋겠어요."

케어B&B는 병원과 집 사이의 중간 지대에서 우리에게 필요한 분야를 새로 개척해냈다. 동시에 돌봄이라는 소프트웨어와 주택이라는 하드웨어가 제대로 결합하기 위해서는 이런 전문조직이 남이 지은 건물의 운영만 맡을 게 아니라, 초기 기획 단계에서부터 운영 주체가 참여하도록 하는 것이 중요하다는 것을 몸소 보여주었다.

사회주택, 1인가구 시대의 주거 서비스 플랫폼

과거 대규모 택지개발을 통해 주택단지를 공급하던 시절과 지금의 인구구조는 확연히 다르다. 후속 세대가 태어나는 것은 개인과 사회의 기쁨일 것이며, 3~4인 가구를 위한 정책은 여전히 중요하게 다룰 일이다. 그러나 1인가구가 행복해야 2인가구를 꿈꿀 수 있는 법이다. 우리는 모두 한때 1인가구를 거쳐 가거나, 언젠가 1인가구가 될 확률도 높다.

2017 노인실태조사결과에 따르면 노인의 58%가 불편하더라도 살던 곳에서 여생을 마치고 싶다고 답했다. 노인들이 살기 좋은 곳이라면 아이들도 살기 좋은 곳일 것이다. 서로의 장점과 특징을 발전적으로 엮어가며 마음 편하게 사는 사회를 위해서, 앞으로 유디하우스나 다다름하우스, 도담하우스나 케어B&B와 같은 주택이 많아지면 좋겠다. 아니, 많아져야 한다.

5
지역사회,
도시재생과 사회주택

무언가를 만들고 고치는 것은 잘 쓰기 위함이다. 도시도 그렇다. 결국은 쓰임의 과정이 중요하다. 그런데 한국의 경제발전과 도시화의 물결은 '쓰임의 과정'을 생각하면 그 과정이 세차기 그지없었다. 앞뒤 안 가리고 일단 짓는 게 급했던 과거에는, 훗날 누가 어떻게 쓰고 버리게 될지에 대한 고민은 사치였다.

1965년에는 347만 명이었던 서울시의 인구는 1980년에 800만 명을 넘었다. 15년간 490만 명이 늘어 2배 이상 증가했으니 어마어마했던 이촌향도의 시기였다. 이게 얼마나 무시무시한 수치인지는 작고하신 손정목 교수의 풀이[4]에서 실감할 수 있다. 15년간 490만 명의 인구가 증가했다면, 하루 평균 894명씩 증가하는 것이다. 이를 감당하기 위해서는 '매일' 평균 224호의 주택(4인 가족 기준), 버스 18대, 268톤의 수돗물과 1,340kg의 쓰레기 처리 능력이 더 늘어나야 했다. 다시 말하지만, 1년이 아니라 매일 그만큼이다. 전쟁과도 같은 공급의 시대였다.

이런 상황에서는 동시에 대량으로 공급되었던 주택들이 훗날 동시에 노후화되면 어떻게 할지 걱정할 겨를이 없었을 것이다. 논밭에 주택을 새로 지으니 철거 이주민 걱정없이 몇 천 세대를 한 번에 지어도 되었다.

하지만 지금은 상황이 다르다. 이미 사람이 살고 있는 집들이니, 철거하게 되면 인근 전월세 시장에 사람들이 쏟아져 나온다. 원치 않게 쫓겨나는 이들이나 소외되는 이들이 없도록 사회통합 측면도 살펴야 한다.

과거에는 사람들이 일자리를 찾아 몰려왔지만 지금은 경제가 쇠락하는 경우라면, 건물만 새 건물로 바꾼다고 될 일이 아니라 위축한 경제를 활성화하기 위해 산업 전환과 일자리 창출에도 신경을 써야 한다. 돌봄 및 각종 주거 서비스와 같은 운영 단계에서 소프트웨어의 결합은 입주자를 위한 것이기도 하고 위의 산업과 일자리 문제와도 관련이 있다. 환경보전 측면은 당연한 이야기가 된 지 오래다.

이런 문제의식은 '도시재생Urban Regeneration'이라는 용어에 담겨 2000년대 이후 세계적으로도 부상했다. 학자들은 도시재생에 대해 다음과 같이 정의한다.

"도시 문제를 해결하기 위하여 해당 지역의 경제적·물리적·
사회적·환경적인 조건의 개선 방법을 강구하는 종합적이고 통합
적인 전망과 행동."[5]

박근혜 정부 시절 제정된 도시재생 활성화 및 지원에 관한 특
별법의 2조 1항의 정의도 비슷한 내용이다. 공통적인 키워드는 '경
제, 사회, 물리, 환경'이다.

"인구의 감소, 산업구조의 변화, 도시의 무분별한 확장, 주거
환경의 노후화 등으로 쇠퇴하는 도시를 지역 역량의 강화, 새로운
기능의 도입, 창출 및 지역자원의 활용을 통하여 경제적·사회적,
물리적·환경적으로 활성화시키는 것."

도시 정비의 새로운 세계적 흐름인 도시재생과 사회주택은 어
떤 관련이 있을까? 결론부터 말하자면 사회주택은 도시재생 과정
에서 주거부문뿐만 아니라 주거와 다른 기능을 융합하는 과제를 담
당하기에 안성맞춤이고, 사회주택의 정신은 도시재생의 취지와 '찰
떡궁합'을 이룬다는 것이다.

도시재생과 사회주택이 친근한 사이일까?

도시재생에 갖는 흔한 오해 중 하나는 '벽화를 그리는 일'이라는 인식이다. 도시재생의 본질은 시각적인 미화 작업에 그치지 않는다. 물리적 환경개선만으로 해결할 수 없는 문제의 해법을 찾는 것이 도시재생이다.

도시재생에 관한 또 다른 오해는 작은 규모로 조금씩 진행하는 사업이라는 시각이다. 주로 대규모 재개발이 불가능한 지역에서 도시재생을 하다 보니 그렇게 보일 수 있지만, 큰 규모로 도시재생을 진행하지 말라는 법은 없다.

도시재생의 본질은 '종합'과 '융합'이다. 앞서 학술적 정의나 법적 정의 모두 경제적·사회적·물리적·환경적 측면을 함께 다뤄야 한다고 명시했다. '종합'은 이러한 측면들을 두루두루 다루자는 것이다. '융합'은 기존에 별도로 다루던 일자리나 주거, 소비나 취미 활동 또는 하드웨어(공간)와 소프트웨어(운영)의 경계를 넘어서자는 것을 의미한다.

건물은 태어나는 순간부터 낡기 시작하고, 사람들의 삶의 양식은 계속 변화한다. 그러니 하드웨어와 소프트웨어의 불일치는 숙명이다. 건물과 사람뿐만 아니라 도시와 사회의 관계도 마찬가지다. 기술은 꾸준히 발전하고 정치와 산업은 흥망성쇠를 거듭하니, 한때 화물과 인구가 몰리던 곳이 이제는 관광객만이 가끔 찾는 쓸

쓸한 항구가 되기도 한다.

　19세기 이후 도시개발이나 재개발의 경제적 배경은 주로 제조업 중심의 산업구조였다. 인구적 측면에서 보면 정규직 생계 부양자가 열심히 돈을 벌어 가족을 부양했고, 주택정책의 초점은 저축이나 대출로 내 집 마련을 하고자 하는 핵가족 단위의 가구들에게 맞춰졌다. 공간적·도시계획적 배경에는 시끄러운 직장에서 벗어나 주거의 평온성을 확보하기 위해, 직주분리 원칙과 같은 공간의 분업체계를 따르는 근대적 토지이용계획의 규범이 자리잡았다.

　그러나 과거에나 통했던 방식이 핵가족화가 아닌 가구 혼성화(1인가구화, 다문화화, 고령화), 인구 증가가 아니라 정체 내지는 감소, 노동의 유연화에 따른 사회 양극화나, 여기에 대응하는 일자리 창출과 지역 역량 강화와 같이 이 시대가 직면한 과제에 대한 해법이 될 수 없음은 자명하다. 시대에 맞는 인구, 산업구조와 이에 따른 도시의 낙후 또는 쇠퇴에 대응할 수 있는 전략이 필요하다.

　그런 대응 전략 중 하나는 공급자에게 맞춰졌던 무게중심을 수요자와 사용자로 이동하는 것이다. 그리하여 앞으로의 주거 공간은 다양한 산업 형태 종사자, 가족 구성, 사람 들을 위한 주거 서비스, 커뮤니티 프로그램과 공간을 같이 제공하는 종합과 융합의 플랫폼 역할을 해내야 한다.

　여기서 사회주택이 도시재생과 찰떡궁합이라 생각하는 이유는 역시 '운영 주체' 때문이다. 지역사회와 호흡하며 이용 주체와의 간극이 좁은 운영 주체, 또는 당사자 협동조합이 직접 공급하고 운영하는 경우처럼 아예 운영·공급·이용의 세 주체가 모두 일치할 때는 수요자에게 무게중심을 둘 수 밖에 없다.

사회주택을 통해 도시를 재생하는 방식에는 고시원 리모델링처럼 공유 공간의 품질을 향상하는 것을 넘어 사회통합과 공동체 유대감을 형성하고, 지역사회 내에서 의료와 돌봄을 결합하는 사례들 외에도 다양한 방법과 경로가 있다.

생각해보면 녹색금융의 투자를 받거나, 청년창업을 위한 스타트업 공간이나 입주민을 위한 커뮤니티 화폐를 스마트폰과 연계하고 돌봄, 일자리, 커뮤니티 활동을 창출하는 유·무형의 기반을 제공하는 것들이 모두 도시재생과 연결된다. 버려져 있던 빈집을 리모델링해서 세입자를 들이고 1층의 근린생활시설을 지역 주민들도 이용할 수 있도록 하면서 지역의 활력을 더하는 데 기여하는 사회주택 역시 도시재생의 근본 취지를 실현하고 있는 셈이다.

도시재생은 유형에 따라 제도 상으로 다소 딱딱한 이름이 붙어 있다. 주로 주거지 중심인 일반 근린형, 도심의 상권 쇠퇴가 심각한 지역 중심의 중심시가지형, 보다 넓은 지역적 차원에서 경제적 쇠퇴 문제를 해결하려는 경제기반형이 있고, 소규모 주거 정비 유형으로 우리 동네 살리기형, 주거지 지원형도 있다. 이런 사업으로 진행하는 도시재생이야말로 현장 상황에 맞춰 계속 변해야 할 것이고 지금의 방식을 고집할 필요는 없다. 변함없어야 하는 것, 아니 더욱 커져야 할 것은 종합과 융합하고자 하는 도시재생의 역할이다.

반드시 도시재생 기금을 쓰지 않더라도 혹은 그 지역이 꼭 도시재생 활성화 지역으로 선정된 곳이 아니더라도, 사회주택이 들어선 곳이 경제·사회·물리·환경적으로 활성화되고 있다면 도시를 재생하고 있는 것이다.

그러다 보니 사회주택을 만들었는데 도시재생의 효과가 함께 나타나기도 하고, 도시를 재생하려는 와중에 자연스럽게 사회주택의 취지가 실현되기도 한다. 다음에서는 도시재생의 역할을 담당하는 사회주택 생태계를 소개한다.

도시재생을 꿈꾸다, 장안생활과 아이부키

사회적기업 아이부키의 장안생활은 도시재생 기금을 지원받아 지은 사회주택이다. 서울시나 중앙정부의 사회주택 지원제도를 활용한 것은 아니지만 개념상으로는 사회주택에 해당한다. 아니, 해당하는 정도가 아니라 하나의 모범 사례라 해도 좋을 만하다. 그 이유를 자세히 살펴보자.

아이부키가 사회주택과 도시재생에 관심을 가지게 된 직접적인 계기는 '공공주택 단지의 유휴 공간을 활용하는 사업'을 주로 어린이 도서관을 통해 진행하게 되면서부터다(그래서 이름도 아이+부키다). 미술을 전공하고 미술작업과 교육사업을 하던 이광서 대표가 공간과 콘텐츠 결합에 관심을 가지고 아파트 단지에서 공간 사업을 하다가 자연스럽게 주택에도 관심을 가지게 되었다.

이광서 대표는 서울시 사회주택 조례가 생기기 전 이미 금천구 및 SH와 협력해서 탄생시킨 보린주택(이웃을 보살핀다는 뜻의 이름을 가진 홀몸 어르신을 위한 주택으로, 아이부키가 금천구와 함께 기획하고 지역의 사회적 경제주체가 운영을 맡았으며 매입약정형 사회주택의 원형이 되었다)

장안생활 외관(출처: 장안생활)

에 이어, 서울시 토지 임대부 사회주택인 홍시주택을 건립한 경험을 바탕으로, 이번엔 도시재생 관련 제도를 활용하여 주거를 포함한 더 다양한 프로그램을 담을 수 있는 복합 용도 건물을 만들어 보고자 했다.

당시 서울시 사회주택은 건물 면적 중 상가의 비율에 제약을 두었다. 애초 목적이 주택 공급인데, 주택은 그다지 공급하지 않고 상가를 통해 수익을 추구하는 영리 공간을 운영하는 식의 제도 악용을 막기 위해서였다. 그런데 주택사업이 아니라 도시재생사업으로 진행하면 주택과 상가의 비율을 융통성 있게 정할 수 있는 점에 주목했다.

이렇게 건립된 장안생활에서는 다양한 이벤트가 펼쳐진다. 지역에 대한 이해를 바탕으로 창작 활동을 공유하는 출사 모임이 대표적이다. 장안생활의 입주민을 비롯한 지역 주민으로 구성된 이 모임은 자동차산업으로 독특한 풍경을 가진 장안평 지역을 탐사하며 로컬의 의미를 발굴하거나 토론을 하고 전시회도 열었다.

옥상에 있는 '사이에 섬'이라는 바^{Bar} 역시 지역 주민들이 자주 이용하는 곳이다. 입주자와 지역 주민들이 돌아가며 일일 바텐더를 맡기도 한다. 독특한 디자인과 개방적인 운영으로 명소가 된 만큼 이전 선거 때는 정치인들이 방문해 간담회를 가지기도 했다.

1층 카페와 2층 회의실, 전시실 등도 지역 주민이 활발하게 이

장안생활 상가 구성

용하는 곳이다. 스터디 모임이나 플로리스트 모임처럼 장안생활의
공간을 애용하는 지역 모임도 많다. 구청과의 협력사업으로 지역
소상공인 대상 사업을 펼치는 플랫폼으로도 활용된다. 인근의 중고
차 브랜드 지점에서 일하는 한 지역 주민은 성수동이나 강남에 가
지 않아도 자신이 사는 지역에 이런 멋진 공간이 있는 게 너무 좋다
며, 비즈니스 미팅 공간으로 자주 활용한다고 한다.

아이부키는 자체 도시재생사업 외에도 다른 조직의 의뢰를 받
아 컨설팅이나 프로젝트 매니저 역할을 하기도 한다. 이광서 대표
는 '따뜻한 남쪽'의 사례를 자랑했다. 홍대 앞 젠트리피케이션으로
연남동으로 옮겨온 홍대 1세대 인디 활동가들이 일상예술창작센터

와 문화연대와 함께 사회투자기금 대출을 받아, 성산동에 땅을 사서 공동체 주택을 같이 조성한 사례다.

이를 주거 문제 해결의 측면에서 본다면 사회주택의 원형이라 할 수 있지만, 젠트리피케이션으로 밀려나는 예술가 공동체를 지역에 유지하려는 노력은 도시재생의 훌륭한 사례가 되기도 한다. 이색적인 경력을 가진 이광서 대표는 공간 사업에 관심 있는 사람들에게 다음과 같이 말한다.

"건축이나 인테리어 전공자가 아니어도 이런 사업에 많은 관심을 가져주셨으면 좋겠습니다. 시장은 앞으로 점점 더 수요 중심으로 개편될 것이고, 공간 전문가들과의 협업 구조도 발전해나갈 텐데요, 좋은 아이디어와 열정을 가진 분들이 사업에 들어오면 시너지효과가 상당할 겁니다. 특히 자신의 아이디어가 물리적으로 눈앞에서 실현되고 그곳에 사람들이 실제로 살아가고, 또 기획했던 공간을 바탕으로 중·장기간에 걸쳐 의도대로 되는지 검증하고 시행착오를 고쳐가는 과정은 정말 매력적입니다. 서비스에 대한 사람들의 반응을 즉각적으로 확인하면서 지속적인 상호작용을 통해 지역을 바꾸어나갈 수도 있죠.

일반적인 상업 개발은 마치 대단히 창의적일 것 같지만, 수익성 중심이다 보니 고수익 아이템이 아니면 개성 있는 기획이 쉽지 않아서 은근히 틀에 박혀 있습니다. 공공부문은 유연하게 하는 게 거의 불가능하고요. 이런 일이 계획대로 되는 건 쉽지 않은데 특히 공공은 경직되어 있어서 이를 잘 관리하거나 추진해나가기가 힘들어요. 공공에 대한 기존 이미지를 탈피할 수 있는 기획은 이런 도시재생이나 사회적 경제조직이 공공과 함께 적극 협업하며 역할을 분담해서 만들어가면 좋겠습니다.

마지막으로, 이제 선도국이 되었다는 인식이 행정 실무에도 많이 퍼졌으면 좋겠습니다. 우리나라도 해외 사례를 견학하고 벤치마킹만 할 것이 아니라, 자체적인 실험 성취에 더 관심을 가지고, 전례가 없더라도 새로운 시도를 하는 것에 용기를 가지면 좋겠습니다."

공공과 시장 사이 사각지대에서, 아츠스테이와 안테나

이번엔 인간 중심 디자인Human Centered Design을 추구하는 문화콘텐츠 기업 안테나를 소개한다. 사회적기업이기도 한 안테나의 목표는 지역의 영속성을 고민하며 로컬 크리에이터를 발굴하고, 소셜 디자인을 통해 지역의 도시재생 역량을 강화하는 것이다. 디자인을 기반으로 했던 안테나의 초기 철학은 원활한 시각적 소통을 위한 비주얼 디자인, 다양한 이야기가 있는 브랜드 콘텐츠로 문화도 바꾸는 비주얼 컬처를 통해 사회적가치까지 실현하는 것이다.

이들이 공간 사업에 눈을 뜬 계기는 지역의 가능성에 주목하면서부터다. 안테나는 2008년부터 철공소들이 모여 있는 문래동의 문래창작촌에 들어가 문화콘텐츠를 기반으로 창작 공간을 만들고 운영하기 시작했는데, 활동 영역이 넓어지면서 지속 가능한 예술 마을과 자생적인 도시재생 모델을 실험하고 연구를 진행하게 되었다.

주택에 주목하게 된 것 역시 지역 변화를 위함이었다. 예술인들이 그 지역의 '레트로하거나 비일상적인 이미지'만 소비하는 타자가 아니라, 직접 거주하면서 자연스럽게 동네의 변화를 이끌고 동시에 지역 주민이라는 정체성을 가지면 좋겠다는 생각에서다. 즉, 도시재생을 끌고 나갈 여러 주체들이 외부인이 아닌 내부인이 되도록 만들자는 취지에서 주택이 눈에 들어온 것이다.

안테나가 공간 사업에 관심을 가지게 된 계기가 되어준 아츠스테이 문래 1호점은 사실 본격적인 주택 사업이 아니었기에 사회주택 관련 지원 제도를 활용하지 않았다. 창작자들이 작업실에서 작업을 하다 보면 같은 곳에서 숙식을 해결할 때가 있는데, 이를 안정적이고 편안하게 만들기 위한 의도에서 시작되었다. 아츠스테이 신림점(공공이 통매입한 고시원 빌딩을 리모델링하여 전대형으로 공급)부터는 사회주택 정책을 활용하기 시작했다. 이후 성산점(토지 임대부-신축), 영등포점(매입약정-호텔 리모델링)이 완공되었고 현재도 다수 추진 중이다.

아츠스테이 신림점과 영등포점 외관(출처: 아츠스테이)

안테나는 주택 입주자가 문화예술 창작자로만 구성된 단일한 경우보다, 다양할 때 더 긍정적인 분위기가 형성되었다고 한다. 토론을 할 때도 창작자에 한정된 것보다 각기 다른 결의 입주자와 어울릴 때보다 다양한 의견이 오고가며, 교류도 활성화되는 시너지효과가 난다는 것이다. 이는 창작자들을 지원하고 디자인을 통해 가치를 창출하려는 안테나가 사회주택 참여에 적극적인 이유기도 하다.

디자인 회사만 운영했다면 겪지 않았을 시공사 관리의 어려움이나 공사 기간 중 들어올 수 있는 민원과 같은 힘든 일을 겪고 있을 텐데, 이 사업의 보람이 무엇이냐는 질문에 나태흠 대표는 이렇게 답했다.

"입주민이나 입주 창작자들이 잘 살고 활동하는 모습을 보는 게 기쁜데요, 이건 다른 사회주택 사업자들도 마찬가지일 것 같고 너무 교과서적인 답 같네요. 그런데 정말입니다. 사업과 관련하여 지난했던 논의나 이해관계자들 사이에서 입장 조율을 하며 받은 스트레스가 사람들의 잘 사는 모습으로 눈 녹듯 사라집니다.

저희가 도시재생 스타트업 교육도 진행하는데요, 우리의 활동을 보고 동기부여가 되었다는 다른 사업자들이나 활동가들 이야기를 들을 때가 적지 않습니다. 다양한 지역과 조직이 저희를 보고 영감이나 용기를 얻고 활동하면서 자신의 지역을 변화시켜 나가는 것을 보면 큰 성취감과 보람을 느낍니다."

아츠스테이 영등포점은 호텔을 리모델링한 사회주택으로 매입약정 제도를 활용했다. 완공 직후 LH가 매입하고, 다시 안테나에게 운영을 맡기는 것이다. 주택 유형은 예술가들의 작업을 위한 스튜디오형과 일반인의 스터디형 두 가지이며, 이 유형들은 면적에 따라 세분화된다.

총 3개 유형(스터디·스튜디오·테라스) 중 스터디형은 전용면적 16.02~22.46m²에 월 임대료 약 34~37만 원(보증금 105만 원), 스튜디오형은 전용면적 23.91~29.84m²에 월 임대료 약 42~49만 원(보증금 105만 원), 테라스형은 전용면적 18.18~18.51m²에 월 임대료 약 35~38만 원(보증금 105만 원)으로 3개 유형 모두 월세가 30~40만 원대로 형성되어 있다(2024년 기준).

기존 호텔의 객실 공간을 리모델링한 주택 수는 51호다. 객실 외의 공간들도 리모델링하여 다채로운 공용공간으로 재탄생했다. 지하의 런드리 라운지와 파자마 라운지는 입주자를 위한 공유 세탁실과 공유 주방으로 쓰이며, 1층과 2층에는 강연과 행사가 가능한 에이 홀과 다양한 콘텐츠가 준비된 무인 서점 비오오케이가 있다. 그 외에도 코워킹 스페이스와 에이살롱에서 소규모 모임이나 회의 프로그램 진행이 가능하다. 최상층에는 한강과 여의도, 영등포를 조망할 수 있는 커뮤니티 라운지가 있다.

관광 수요의 변화로 공실이 많아진 호텔은 어느 순간 지역 경제의 활력소가 아닌 부담이 될 수도 있다. 이를 도시재생의 문제의식으로 바라보게 되는 이유다. 아츠스테이 영등포점은 도시재생사업으로 인정받거나 도시재생용 재정지원을 받지 않았더라도, 공실이 생긴 호텔 대신 지역의 1인가구 주거 수요에 부응하며 다양한 활동 기반을 제공한다. 기존 산업의 쇠퇴에 대응하는 '앵커시설' 역할을 하고 있는 것이다.

1인가구 중심, 개성이 강한 창작자들을 위한 공간을 다루는 안

아츠스테이 영등포점 로비

테나가 사회주택에서 추구하는 것은 커뮤니티 활동보다 한 단계 높은 개념의 '라이프스타일 충족'이다. 서로 다른 사람들이 각자의 라이프스타일을 존중하면서, 비슷한 라이프스타일을 가진 사람들이 자신의 니즈를 충족하는 과정에서 자연스럽게 어울릴 수 있도록 하자는 것이다. 커뮤니티 활동은 목표가 아니라 결과로서 따라온다는 입장이다.

아츠시네마라는 이름의 영화 상영 프로그램은 라이프스타일 테마별 활동의 좋은 예다. 6주 연속 진행된 이 프로그램은 단순히 영화를 상영하는 것에 그치지 않는다. MZ세대 입주자의 라이프스타일 테마(고양이, 힐링, 트렌드, 그리너리, 문화, 여행)를 선정하여 그와 관련된 영화 상영과 동시에 안테나에서 운영하는 라이프스타일 큐레이팅 무인 서점인 비오오케이에서 판매하는 책들을 함께 전시하는 등 입주자들에게 라이프스타일을 다각적으로 제안하는 프로그램이었다.

아츠시네마를 통해 테마별로 비슷한 관심사를 가진 사람들이 자연스럽게 소통하는 계기를 마련하면, 그 이후 자유롭게 만나 활동을 이어가는 것은 입주자의 몫이다. 그러나 개장 초기에는 코로나 탓에 안테나가 기획했던 이벤트의 시동을 제대로 걸지 못했던 안타까운 사정이 있었다. 아쉽지만 그때는 주제별로 관심 있는 소수끼리만 연결되도록 기회를 제공하는 소규모 행사를 중심으로 진행했다.

안테나 도시생활연구소장을 맡고 있는 이용원 박사는 공유 공간 및 커뮤니티와 관련된 연구가 주력 분야다. 그는 공유 공간의 커뮤니티 형성을 위해서는 바로 이 라이프스타일의 교집합 관점에서 접근하는 것이 중요하다고 말한다. 그에게 그런 접근 방식이 가지는 의의에 대해 물었다.

"라이프스타일이라는 용어는 사회학이나 심리학, 마케팅 분야 등 여러 분야에서 사용되고 있습니다. 각 분야에 따라 이 용어를 바라보는 시각은 조금씩 다릅니다.

'라이프스타일 주택' 아츠스테이가 추구하는 주거는 '입주자 개인이 경험하게 되는 주거 및 삶의 질과 관련된 과제들을, 비슷한 배경의 입주 공동체의 힘으로 함께 해결해나가며 사회적 가

치를 공유하는 삶의 방식을 제안'하는 것으로 정리할 수 있을 것
같아요.

정책에서는 많이들 커뮤니티를 강조하고 있는데요, 저희는
커뮤니티 자체가 목적이 아니라 라이프스타일 실현의 수단이라고
생각합니다."

실제로 많은 코하우징Co-Housing, 공유 주거가 커뮤니티를 강조
하고 있다. 물론 커뮤니티는 실제로도 매우 중요하다. 하지만 입주
자들이 자발적으로 만든 것이 아닌 공급자나 운영자 주도로 만들어
진 커뮤니티에는 한계가 있을 것이다.

'느슨한 공동체'를 표방하는 사회주택들이 '느슨하다'는 수식
어를 강조하는 이유는, 공공 또는 사업자가 억지로 주도하는 '하향
식' 공동체나 의무감으로 부담을 주는 커뮤니티 활동을 지양하고,
사람들의 자발성을 존중하고자 함이었다. 이번에는 이용원 소장이
생각하는 아츠스테이의 커뮤니티 상에 대해 물었다.

"아츠스테이의 접근방식은 입주자가 자신의 라이프스타일
에 맞춰 스스로 커뮤니티를 구성하도록 하는 것입니다. 저희가 입
주자에게 다양한 선택지를 제시하는 것은 입주자 중에서 동일한
라이프스타일과 취향을 가진 사람들이 자연스럽게 커뮤니티를 만
드는 계기가 되어주기 위해서입니다. 그러다 보면 다양한 공동체,

예컨대 전문성을 가진 이가 입주자들에게 교육이나 경험을 제공하고 합당한 보상을 얻게 되는 생산적인 커뮤니티로도 발전할 수 있을 거라고 생각합니다."

서로 간의 상호작용을 바탕으로 초기 기획을 검증하고 보완하기 위해서는 시간과 신뢰가 필요할 것 같다. 안테나의 나태흠 대표역시 처음의 취지를 구현하기 위해 '충분한 기간' 동안 노력하는 것이 중요하다고 말한다. 그런데 이는 장안생활 사례와 마찬가지로, 사회적경제 영역의 역할이 왜 중요한지와도 연결된다.

민간의 공간 사업은 당연히 수익성 위주로 계획되며, 주거 이외의 각종 서비스를 제공하는 경우는 비싼 월세를 내는 이른바 '프리미엄' 셰어하우스에서나 가능한 일이다. 물론 수익 발생 여부는 사업을 제대로 기획했음을 확인할 수 있는 합리적 평가 도구이다. 비싼 비용을 감내할 수 있는 사업 구조에서 새로운 기술적 성취나 파급효과를 얻어낼 수도 있다. 다만 당장은 그 수익을 가져다줄 수 있는 소비자들에게만 수혜 계층이 한정된다는 단점이 있다.

공공이 개입하면 수혜 계층이 좀 더 넓어질 수 있지만, 경직성이나 관료주의가 문제가 된다. 민간과 달리 수익 자체가 목적이 아닌 데다 수익 창출의 여부로 성과를 평가하기 어렵다. 그렇다 보니 공공은 태생적으로 의사결정을 위해 따질 것이 많고 증빙할 것도 많다. 의회의 승인을 받아야 하는 사안도 많은데 의회가 매일 열리는 것도 아니다. 공공으로서는 수요자와 밀착하여 이들의 니즈를 기동적으로 파악하고, 이에 따라 초기 계획을 수정하기도 하며, 융통성과 끈기를 갖추고 대처하는 것이 쉽지 않은 이유다.

아이부키의 장안생활이나 안테나의 아츠스테이는 사회주택이 공공과 시장 사이에서 양자의 한계를 극복하고 사각지대를 메우는 역할을 해낸 좋은 사례다. 사회주택은 단순히 건물 한 채를 몇 명의 입주자들에게 저렴하게 제공하고 끝나는 게 아니라, 사회적가치를 추구하는 조직이 충분한 시간 동안 자신들의 취지가 실현되는지를 점검하고 있다. 그동안 이렇게 하지 않았던 공공이나 시장부문이 여기서 얻을 시사점도 적지 않을 것이다.

사회주택 현실화를 위한 한걸음, 어반브릿지 허그라운드

허그라운드HUGround는 부산 동래 시장 인근의 도시재생 사례이다. 어반브릿지가 주택도시보증공사의 지원을 받아 함께일하는재단과 연계하여 운영하는 도시재생 커뮤니티센터와 셰어하우스의 결합 모델이다. 1981년에 준공되어 우리은행의 별관으로 사용되다가 수년간 비어 있던 기존 노후 건물에 2020년부터 리모델링 공사를 시작해 만들었다. 공식 명칭은 HUG 도시재생 커뮤니티센터이고 도시재생과 청년 지원 융합플랫폼으로 소개되는 곳이지만, 넓은 의미로 사회주택에 해당된다.

2층에 마련된 커뮤니티 공간 Lounge U는 모임 공간, 카페, 사회적 경제주체들의 특화 상품들이 모인 편집숍이 모여 있다. 3층은 총 38명이 일할 수 있는 사무실 18개를 비롯해 유튜브 방송 녹화와 송출이 가능한 스튜디오, 주방이 있는 공유 오피스 Work U와 5층 11실의 셰어하우스 Stay U로 구성되어 있다.

2023년까지 누적 47개의 업체가 입주했으며, 그중 1/3 정도가 지역문화 단체 또는 청년 단체, 지역 사회적경제 조직이다. 또한 부산사회적기업협의회, 부산마을기업협의회 등 부산의 사회적경제의 당사자 조직도 입주했다. 10일 이상 머물러야 계약 가능한 셰어하우스의 이용객 수는 지금까지 약 134명이며, 그중에서도 여성의 비율이 압도적으로 높다. 이는 셰어하우스가 주는 계약의 편리성과 계약기간의 유연성, 그리고 공동 주거 공간의 안전함 때문인 것으로 보인다.

2021년 7월, 경상남도 주최로 열린 '찾아가는 부울경 메가시티' 설명회에서 입점 업체 대표들의 다양한 목소리를 들을 수 있었다.[6]

부산 기장에서 로컬푸드 매장 '소반 봄'을 운영하고 있는 청년 셰프 박민영 대표는 허그라운드에게 도농 상생을 위한 플랫폼의 역할을 당부했다. 지역에서 생산된 친환경 재료로 음식을 만들기 위해서는 부·울·경 지역의 친환경 식자재가 안정적으로 공급될 수 있는 유통경로가 자리 잡아야 한다. 이에 지역의 친환경 재료를 구매해서 판매 공간을 제공하는 허그라운드에게 큰 기대를 걸었다.

친환경 수면 공간과 관련 제품을 디자인하는 바이맘 김민욱 대표는 창업 생태계를 위한 공간의 중요성을 강조했다. 부·울·경의 인구 유출을 줄이기 위해 청년들이 창업하기 쉬운 생태를 만드는 것이 필요한데, 특히 환경 관련분야와 네트워킹하기 용이한 공간이 생긴 것을 반가워했다.

디자인 기업 IDAnswer의 유기창 대표는 허그라운드를 만드는 초기 단계부터 참여했다. 그는 허그라운드에 마련된 주거 공간이 적은 보증금과 안정적인 계약기간을 보장하고 있어 청년들이 마음 편하게 자신의 일에 집중할 수 있게 되었다고 했다. 접객실, 거실, 회의장 등 열린 공간을 활용한 커뮤니티 프로그램을 운영하면서 청년들에게 더욱 매력적인 공간을 제공할 계획이라는 그는, 허그라운드와 같은 공간이 늘어난다면 지역의 청년인구 유출 문제를 해결하는 데 도움이 될 것으로 기대하고 있다.

허그라운드의 사업 비용은 어떻게 조달했을까? 초기에 필요했던 사업비는 약 7억 원 규모였고, 그중 자기자본은 2억 5천만 원 정도였다. 이에 HUG의 사회 공헌 공모 사업 중 도시재생 커뮤니티센터 조성 사업에 응모하여 보조금 5억 3천5백만 원을 받게 되었다. '사회주택으로 도시재생을'이라는 기치로 비플러스 펀딩 자금을 모으는 데 성공했고, 1년 만에 모두 상환했다.

　　시장 한 켠에 버려져 있던 공간은 이 프로젝트를 통해 검소하
지만 깔끔한 명소가 되었다. 산뜻한 공간이 탄생하자 자신의 건물
도 이렇게 바꿔보고자 하는 건물주나 비슷한 사업을 해보고 싶은
사람들의 문의도 많이 들어왔다고 한다. 그러나 대부분의 사람들은
공공지원이 아닌 구조로는 운영하기 힘들고 커다란 임대료 수익이
나는 것이 아니라는 설명을 듣고 실망하며 돌아갔다. 어반브릿지
이광국 대표는 어쩌다가 이런 사업을 기획하게 되었을까?

　　"문화콘텐츠 관련 일을 하다가 작은도시기획자들이라는 모
　임을 접하고 나서 공간을 기반으로 콘텐츠를 담아내는 사업에 관
　심을 가지게 됐죠. 당시에는 로컬 크리에이터라는 말이 나오기 전
　이었는데 그런 사업을 부산에도 펼치고 싶었습니다.

　　그래서 회사를 나와 사업을 시작했는데요. 제가 원래 동래
　토박이기도 해서, 전통시장 옆에 라이프스타일 관련 비즈니스를
　모아 쇠락해가는 동래의 구도심을 활성화하는 것을 아이템으로
　삼게 된 것이죠. 300평 정도 규모의 사무실을 찾다 보니 비어 있
　는 우리은행 건물이 눈에 들어왔고, 처음엔 매각을 제의했는데 팔
　수 없다고 해서 5+5년 조건으로 계약을 하게 되었습니다."

이광국 대표에게 은행 소유의 건물을 임대하며 불편한 점이

없었는지 물었다. 그러고 보니 HUG의 보조금으로 건물을 고쳐서 건물 가치가 상승했는데, 계약이 끝나는 10년 뒤에는 그게 모두 은행 자산이 될 것이었다. 주택 사업은 어떻게 포함하게 되었는지도 궁금해졌다.

　　"10년이면 어느 정도 지역사회에 공헌하는 의미가 있을 거라 생각합니다. 은행이 소유한 건물이어서 조금 불편한 것도 있어요. 일반 건물과 달리 보안 관련 점검도 엄격해서 주차장 개방 시간도 마음대로 못 정하고 전기나 소방 점검도 빈번하게 있지만, 그래도 10년은 안정적으로 공간을 사용할 수 있으니 이것저것 많이 기획해볼 수 있어서 다행입니다.

　　주택 사업의 경우, 구도심을 활성화하려다 보니 자연스럽게 주거도 결합하게 되었죠. 이곳에서 일하는 분들을 위해서도 필요할 것 같았고, 청년들이 야간에도 좀 더 머무르게 하려면 주거 기능도 있어야 할 것 같았습니다.

　　제가 2000년대 초에 부산 천주교정의구현전국사제단 신부님들, 부산대학교 사회학과 교수님, 연구자분들과 주거권 관련 스터디를 했었거든요. 그때 공부했던 내용이 요새는 어떻게 되고 있나 살펴보니 사회주택이 서울에서부터 시작된 걸 알게 되었습니다. 당장은 부산에서 사회주택 사업을 하기 힘든 상황이었지만, 사회주택의 취지를 살려 도시재생과 결합하는 과정에서 사회주택 관계자분들의 조언이 많은 도움이 되었습니다."

더 거슬러 올라가면 이광국 대표는 고등학교 시절부터 부산 연산동의 물만골 무허가 판자촌에서 자원봉사로 학생들을 가르치며 주거 문제에 눈을 뜨게 되었다고 한다. 이후 그는 대학교에서 역사와 영화를 전공하여 문화콘텐츠 분야 일을 하기 시작했다. 허그라운드에서 1인가구들을 위한 주거와 일자리를 결합하는 실험은 이런 개인사가 배경으로 있기 때문인 것 같다고 덧붙였다.

이광국 대표에게 부산시 사회주택 사업의 전망에 대해 물었다.

"부산에서는 사회주택의 현실화가 더딘 상황입니다. 사회주택 조례도 만들고, 주차장 요건 완화 개정안까지 나왔지만 실제로 사회주택으로 지어진 사례는 아직 없죠.

전임 시장 시절에는 사회주택이 도시재생국 소관이었고 이후 주택건설국에 업무를 이관했지만, 사회주택을 위한 예산은 책정되지 못했어요. 부산은 아직 사회적경제 영역의 생태계가 약한 편이어서 공공이 마중물 역할을 해주지 않으면 자체적으로 진행하기가 쉽지 않은 상황입니다. 게다가 부산도시공사가 사회주택 사업에 소극적이었기에 부산의 공공 행정조직에서 이를 쭉 담당해줄 수 있는 카운터 파트너 기관이 없었던 것도 현실화가 더뎠던 이유 같습니다."

2021년 하반기에는 예산 확보를 위해 부산도시공사의 이익금 반환 금액 중 40%를 사회주택기금으로 조성하는 조례가 만들어졌다. 그런데 2022년 이후 민선 8기에서 사회주택을 공급할 계획을 아직 세우지 않고 있다.

물론 민선 8기 부산시정도 일자리 부족 등으로 인한 부산 지역의 청년인구 유출의 문제나 노령인구의 경제 및 주거 문제, 신혼부부의 주변 도시 쏠림현상에 대한 나름의 문제의식을 가지고 해법을 모색하고 있다. 이름은 꼭 사회주택이 아니더라도, 이러한 문제들의 해법으로 하드웨어와 소프트웨어를 결합하는 운영 주체가 부산의 인구, 산업, 공간구조의 패러다임 변화에 적극 대응하는 지역 맞춤형 모델이 추진되길 기대해본다.

이광국 대표는 앞으로의 계획에 대해 다음과 같이 말했다.

"사회주택협회 부산지부를 만들었어요. 하지만 사회주택 자체가 당장 사업이 잘될 것 같지는 않습니다. 최근에는 로컬브랜드 포럼에 가입했어요. 로컬 크리에이터를 통한 구도심 지역 활성화를 꿈꾸고 있습니다. 올해에는 로컬 크리에이터 관련 센터를 1개소 더 오픈할 예정입니다.

어쨌든 지역사회, 자치단체와 잘해보려 합니다. 사회주택 사업 자체에 집착하기보다 지역사회 문제해결에 초점을 맞춰보려고요. 동구, 서구, 영도구, 중구, 부산진구, 동래구 등 오래된 구도심

인근지역은 교통과 주거 상황이 열악하고 노령인구의 거주 비율이 높아요. 그래서 부산시와 시니어 하우징 문제에 대해 논의 중입니다. 이번엔 실체적인 성과가 있기를 기대해봅니다. 결국은 부산의 문제를 잘 해결하는 것이 목표고, 주택이든 커뮤니티 공간이든 다 수단이니까요.

청년들이 구도심으로 유입되어 지역 상권을 자극하고 일자리도 만들고 지역 경제가 활성화되는 선순환구조를 실험했는데, 앞으로 점점 많아질 노령인구를 위한 해결책이 될 수 있는 부산형 모델을 만들고 싶습니다."

사회주택: 주거복지, 혁신, 돌봄, 사회통합과 도시재생의 주거플랫폼

사실 도시재생 편에서 언급한 주택들이 아니더라도, 이 책에서 살펴본 대부분의 사회주택은 도시재생이라는 문제의식에 부합하는 의미 있는 시도들이다. 사회주택들은 인구구조, 산업구조의 변화에 따라 핵가족 단위의 돌봄이나 은퇴 계획이 통하지 않을 이들을 위해, 생애주기의 여러 시점에서 각기 다른 라이프스타일과 서비스 수요를 감당하기 위해, 하드웨어와 소프트웨어를 결합하고 콘텐츠를 탑재하려 한다. 그 자체로 '도시재생을 위한 주거 플랫폼'이라

하겠다.

아이부키나 안테나의 사회주택은 해당 입주민뿐만 아니라 지역 주민도 함께하는 여러 프로그램을 운영한다. 선랩과 신림동 고시촌에서 활동하는 다른 사회주택 사업자들은 사회주택의 취약점이라 할 수 있는 작은 규모와, 흩어져 있는 입지 조건을 극복하기 위해 멤버십을 공유하는 클러스터링도 시도하고 있다. 이러한 노력들은 부동산 투자 대상으로 인기가 있는 '초품아(초등학교를 품은 아파트)'나 역세권이 부럽지 않은, '사세권(사회주택 세력권)'의 탄생을 기대해볼 수 있는 대목이다.

우리 시대의 도시문제 해결에도 열정적인 사회주택 사업자들의 활동이 주민들의 사랑을 받아 '사세권에서 살고 싶다'는 마음이 널리 퍼지고, 사회주택의 존재가 지역의 자긍심으로 이어지길 바라본다.[7]

4장

사회주택과

함께하는

미래

한 티끌 속에 온 세계가 들어 있고
그 모든 티끌마다 빠짐없이 그러하네.

끝이 없는 오랜 겁도 한 생각의 찰나이고
찰나의 한 생각도 끝이 없는 세월이라.

– 의상 대사, 「법성게法性偈」중 발췌

1
사회주택과
택지개발의 미래

땅을 일컫는 용어들은 토지, 대지, 부지 등 다양하다. 대개 그렇듯 생활 속에서의 의미와 법적 정의는 조금씩 다르다. 펄 벅의 한국어판 소설 제목인 『대지大地』나, 박경리의 소설 제목인 『토지土地』는 다분히 문학적·문화적·철학적인 의미로 쓰이는 것 같다. 구분해보자면 '대지'는 지구와 자연의 의미에서 '인류'에 대응하는 느낌이고 '토지'는 '신분'이나 '제도' 같은 사회경제적 측면과 맞물리는 것 같다.

법과 제도적인 차원에서는 공간정보의 구축 및 관리 등에 관한 법률(과거 지적법)에서 땅에 지목을 붙여 용도에 따라 구분하고, 어떤 용도의 땅들은 농지법, 택지개발촉진법 등 별도의 법에서 따로 정의한다. 집을 짓기 위한 땅인 택지宅地는 그 개발을 촉진하는 법이 있다는 것에서 짐작할 수 있듯 특별한 대접을 받는다.

한편 주택이라는 재화가 자동차나 옷, 핸드폰과 같은 공산품과 다른 고유한 성질을 가지는 것도 바로 땅에 붙어 있기 때문이다 (토지 고착성). 그래서 주택정책은 토지정책과 불가분의 관계다. 택지 개발의 역사와 미래를 살펴보아야 하는 것은 이 때문이다.

포디스트 체제와 포스트-포디스트 체제

해방 이후에도 대한민국의 택지개발 방식은 일제강점기 때 도입된 토지구획정리사업이 주를 이루었다. 이 방식은 공공의 재정 투입 없이도 진행할 수 있다는 장점이 있었지만, 토지 크기가 제각각이고 개발이익이 소수에게 집중되었으며, 때로는 이익이 최대화될 때까지 개발을 하지 않고 땅이 방치되어도 조치할 방법이 마땅치 않았다. 따라서 도시로 몰려드는 인구를 위해 신속하게 대량의 주택을 공급하기엔 한계가 있었다.

택지개발촉진법(이하 택촉법)은 1980년에 국회를 대체하고 있었던 국가보위입법회의에서 탄생했다. 택촉법 체제에서는 대규모 지구 지정을 하면 토지를 수용할 수도 있고, 여러 절차를 쉽게 건너뛸 수도 있게 되었다. 덕분에 주택부문에서의 포디스트 체제(공급자 주도의 소품종 대량생산-대량 공급 체제)가 자리 잡았다. 민주화 이후 공공임대주택이나 균형발전 정책이 도입되었지만 이들도 토지 공급 방식은 택촉법 체제를 벗어나지 못했다.

　이러한 상황은 2010년대 중반을 지나면서 달라지기 시작했다. 소량 다품종 생산 체제, 수요자 맞춤형 공급, 소프트웨어의 중요성이 강조되는 도시재생의 문제의식이 부상하며 2013년에는 도시재생특별법이 제정되었다. 이에 발맞춰 2014년에 택촉법 폐지 방안이 올라왔지만 지금까지 폐지되지 않고 그 영향이 지속되고 있다.

　2018년에 발표된 3기 신도시도 택촉법 체제의 유산이다. 3기 신도시의 택지는 공공주택 특별법에 따른 공공주택지구 지정 방식으로 공급되는데, 택촉법이 확립한 포디스트 방식을 그대로 따르고 있다. 대규모 아파트 단지를 재건축, 재개발하는 등 정비사업의 양상은 신규 택지를 조성하는 경우와는 다르긴 하지만, 기본 틀은 여전히 포디스트 방식을 따른다 할 수 있다. 앞으로는 건설폐기물 처리나 전월세 난 방지를 위해서 일시에 대규모로 정비하는 것이 아니라 작은 규모로 번갈아가며 정비하는 순환 정비 방식이 향후 도입되어야 한다. 이는 포디스트 방식의 대안이 등장하는 계기가 될수도 있을 것이다.

　순환 정비 사업의 문제의식과는 별도로 등장했지만, 사회주택의 토지 확보 방식도 포디스트 방식의 일종의 대안으로써 등장한셈이다. 예를 들어, 토지 임대부나 매입약정형 사회주택은 다양한취지에 따라 주택을 운영할 계획이 있는 사회적 경제주체가 주로기존 시가지 내에 적정한 규모의 땅을 확보하면서 시작한다. 이러한 방식은 다품종 소량생산 양식이라 할 수 있다. '포스트-포디스트' 방식이라고도 할 수 있는 이런 생산양식은 빈집 살리기나 고시원 리모델링 등 다른 사회주택들에서도 비슷하게 나타난다. 과거의 공급자 주도 방식보다 수요자의 입김도 더 세졌다.

포스트-포디스트 택지 공급 방식은 작은 씨앗만 뿌려진 상태다. 미래에는 어떻게 될까? 두 체제는 어떤 식으로 경쟁하거나 역할 분담을 하게 될까? 이 과정에서 사회주택의 정신은 어떤 시사점을 줄 수 있을까?

좋은 국토란 다양성을 갖춘 국토

택지개발의 공익성을 강조하는 의견 중에서 공공택지에는 100% 공공주택만 짓자는 주장이 있다. 이 주장은 개발이익의 사유화를 원천적으로 차단하자는 의미일 것이다. 그러나 도시개발로 실현하는 공익이란 무조건 공공주택으로 짓는 것만으로 한정될 수 없다. 주거권은 집 한 채만으로 보장되는 것이 아니라 근린 환경, 마을, 기반시설 등이 조화롭게 갖춰져야 한다. 살기 좋은 도시는 다양성과 선택권이 보장되고 편의시설이 적절하게 구축되어 있으며 구성원들이 소외되지 않는 도시다. 이를 위해 여러 인구 집단이 어우러져야 한다. 여러 계층이 입주하면서 다양해진 인프라의 혜택은 곧 공공주택 입주민을 포함한 모두에게 돌아간다. 경제적으로나 사회적으로 다양한 주민이 살아야 상권도 활력이 생기며 각종 서비스도 다양하게 제공될 수 있고, 그 편이 사회적약자들에게도 도움이 된다.

앞으로의 도시에서 중요해지는 또 다른 주제(요소)는 회복탄력성^Resilience이다. 지금으로서는 몇십 년 뒤의 노동시장의 변화, 창업이나 도시에 필요한 다채로운 공간에 대한 수요를 예측하기가 힘들다. 단지 하나가 너무 크고 획일적으로 구성되면 순환 방식으로 정비하기에도 불리할 것이다.

그렇다면 당장의 경제성만을 좇아 대규모 단지를 단일한 유형의 주택으로만 채우는 택지개발 방식을 반복할 것이 아니라, 훗날엔 순환 정비가 용이하도록 적정 규모의 단지를 다양한 주택 유형으로 채우면서, 최소 20% 이상 다른 유형을 함께 섞는 것이 어떨까? 예컨대 공공택지라 해도 공공주택은 80% 이하로만 짓는 것이다. 공공주택 부족 문제는 다른 (공공주택이 부족한) 지역에서 최소한 20% 이상의 공공주택을 짓도록 해서 채워야 한다.

그리하여 어느 지역이든 특정 유형이 80%를 넘지 않도록 해야 한다. 그것이 전 국토에서 공공성을 실현하고, 예기치 못한 변수에 대응하는 '회복탄력성' 차원에서도 도움이 될 것이다.

또다시 방역 위기가 급습하는 상황을 생각해보자. 우리 동네의 간호사가 2시간 거리를 대중교통으로 이동해야 하는 경우와 20

분 거리를 자전거로 출퇴근할 수 있는 경우를 비교하면, 어느 쪽이 우리에게 더 유익할지 쉽게 알 수 있다. 프랑스 파리에서는 자치구별로 사회주택의 최소 물량을 확보하도록 하는 쿼터제를 운영하는 것을 참고할 수 있겠다.

사회적경제 기반의 미래도시

신도시와 같은 택지개발 사업에서도 3자 협력의 정신을 실현하는 구체적인 방안이 있을까? 사회부문의 역량을 감안하면 아직 그런 대규모 프로젝트에 도전하는 것은 무리라고 생각할 수도 있다. 그럼에도 앞으로 몇몇 군데에서 진행될 신도시급 개발사업에서 굳이 과거의 패러다임만 고집할 이유는 없다.

한국사회주택협회는 앞으로의 도시를 모두 '녹색 탈탄소'와 '공동체 관계' '사회적경제'의 철학에 맞춰 만들고 운영하자고 제안한다. 신도시와 같은 신규 택지개발 방식이든, 재건축이나 재개발 같은 정비사업 방식이든, 모두 순환 경제의 관점에서 에너지 생산과 사용 및 재생 시스템을 만들자는 것이다. 그리고 이를 공동체의 역량을 강화하는 프로그램으로 채우고, 구체적인 실현 과정에서는 사회적경제의 원리를 적극적으로 활용하자는 것이다.

예컨대 녹색 탈탄소를 위한 하드웨어와 소프트웨어가 잘 결합하려면 첨단기술을 보유한 기업의 역할과 관련된 제도를 뒷받침해 줄 공공의 역할이 모두 필요하다. 또 실제 지역 주민들이 적극적으로 동참하여 가치를 창출하고 공유하는 사회적경제의 원리가 실현되어야 한다.

　　다른 예로는, 청년 스타트업이나 마을기업이 연계하여 공유차량이나 공유 자전거, 공유 공간을 운영하고 이때의 경제활동을 커뮤니티 화폐, 기타 금융 인프라와 연계시키는 과정에서 상호 호혜적인 경제질서를 구축하는 것을 생각해볼 수 있다.

　　여기서 사회적경제를 활성화하자는 말이 공유 차량 및 공유

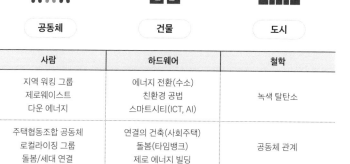

사람	하드웨어	철학
지역 워킹 그룹 제로웨이스트 다운 에너지	에너지 전환(수소) 친환경 공법 스마트시티(ICT, AI)	녹색 탈탄소
주택협동조합 공동체 로컬라이징 그룹 돌봄/세대 연결	연결의 건축(사회주택) 돌봄(타임뱅크) 제로 에너지 빌딩	공동체 관계
청년 스타트업 소셜 섹터(공유, 플랫폼) 마을기업	공유(교통, 공간) 유통(도시-농촌, 1인가구) 금융·의료 인프라	사회적경제

한국사회주택협회가 제안하는 사회적경제 기반 미래도시의 요소

공간 운영 주체가 꼭 협동조합이나 사회적기업이어야만 한다는 것은 아니다. 운영 주체의 법적 지위를 따지거나 누가 돈을 (못) 벌어가느냐 보다는, 누구를 통해서든 공동체를 위한 가치를 실현하고자 하는 사회적경제의 정신이 잘 구현되는 것이 중요하다.

사람들이 마주치는 공공 공간으로서의 도로가 자가용 중심의 교통 체계와 폐쇄형 단지의 담벼락으로 남은 황량한 풍경은 과거의 대규모 택지개발 사업 방식의 결과물이다. 이는 업무-주거-상업-위락이 분리되는 '용도 분리' 철학의 산물이기도 하다. 이런 마을의 형태가 담고자 하는 삶의 모습은 주로 '자가용으로 통근하며 가족 단위의 돌봄 및 노후 대비 전략을 구사하는 정규직 생계 부양자를 포함한 4인 가구' 핵가족의 라이프스타일이었다. 이렇게 구성된 도시는 20세기에 나름의 역할을 했지만, 앞으로의 산업구조나 인구 특성에는 맞지 않는다. 이는 도시재생의 문제의식이 나온 배경 중 하나다. 그리하여 최근의 아파트 단지들은 가로 개방형 단지 내 커뮤니티시설을 지역사회와 공유하고, 1~4인가구를 위한 다양한 면적의 주택을 조합하는 방식으로 짓기도 한다.

여기서 나아가, 3자 협력의 정신을 도시에 구현한다면 그 풍경은 어떤 모습일까? 다음과 같은 모습으로 상상할 수 있겠다.

가로 개방형 단지의 1층 길가에는 일반 상가와 함께 커뮤니티 공간이 배치되어 있다. 마을기업이 운영하는 식당과 아이나 노인을 위한 돌봄 공간이 있으며 각 가정을 방문하는 돌봄 서비스도 운영된다.

직장이 먼 도심에 있는 이들도 주 1~2회 정도는 동네 입구의 코워킹 스페이스에서 원격근무를 한다. 봉사활동이나 취미 활동, 운동 교습 같은 교육활동은 커뮤니티 화폐를 통해 또 다른 가치를 창출하고 옥상 태양광 발전의 수익 역시 주민들에게 적절히 공유된다. 옥상 태양광 판넬은 RE100(기업이 사용하는 전력을 100% 재생에너지로 전환하고자 하는 캠페인)을 달성하려는 산업 분야의 자본을 투자하여 주민태양광협동조합과 함께 지은 것으로, 용적률을 늘리지 않고도 단지를 재건축하는 데 큰 도움이 되었다.

태양광뿐만 아니라 의료나 돌봄 등의 영역에서 신뢰를 바탕으로 하는 활동이나 서비스가 지역 경제를 활성화한다. 생태적 가치, 사회통합의 가치가 재무적 가치로 연결되어 지역 내에서 선순환구조가 만들어지고 경기변동이나 전염병 같은 외부 충격으로부터 회복탄력성이 높은 마을을 지속 가능하게 한다.

이런 도시를 지으려면 당연히 건축과 도시설계의 힘을 빌려야 한다. 이를 위해 국제 설계 공모로 멋진 조감도와 평면도를 제출한 이를 '총괄 계획가'로 선정하는 것도 분명 의미가 있을 것이다. 그러나 건축가가 새로운 물리적 형태를 만들어낸다고 해도 그 안팎의

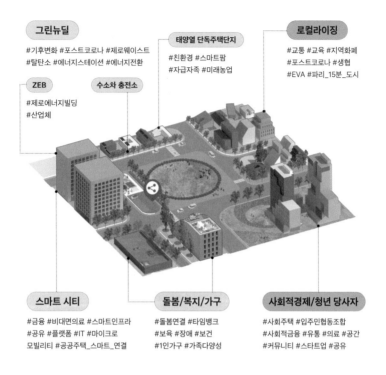

그린뉴딜

#기후변화 #포스트코로나 #제로웨이스트
#탈탄소 #에너지스테이션 #에너지전환

ZEB

#제로에너지빌딩
#산업체

수소차 충전소

태양열 단독주택단지

#친환경 #스마트팜
#자급자족 #미래농업

로컬라이징

#교통 #교육 #지역화폐
#포스트코로나 #생협
#EVA #파리_15분_도시

스마트 시티

#금융 #비대면의료 #스마트인프라
#공유 #플랫폼 #IT #마이크로
모빌리티 #공공주택_스마트_연결

돌봄/복지/가구

#돌봄연결 #타임뱅크
#보육 #장애 #보건
#1인가구 #가족다양성

사회적경제/청년 당사자

#사회주택 #입주민협동조합
#사회적금융 #유통 #의료 #공간
#커뮤니티 #스타트업 #공유

사회적경제 기반 도시의 모습(출처: 한국사회주택협회)

라이프스타일과 운영 원리, 사회적이고 경제적인 조건들이 어우러
지지 않으면, 시각적으로 멋져 보이더라도 결국 죽은 공간이 될 수
밖에 없다.

　예를 들어, 암벽등반 동호회를 위한 인공암벽을 만들어도 동
네에 이를 좋아하는 사람들이 모이지 않으면 쓸모없어질 수도 있
고, 안전사고를 막기 위해 접근을 금지하는 흉물이 될 수도 있다.

운영 단계에서 실제 주민들이 참여할 수 있고, 삶의 씨줄과 날줄을 엮어내는 3자 협력 방식의 도시 생활상을 그려보는 것은 모두가 함께 고민해야 할 과제다. 어쩌면, 사회주택이 그동안 시도했던 많은 실험의 성과와 한계는 이러한 미래도시를 위한 훌륭한 지침이자 참고 자료가 되어주지 않을까?

2
사회주택과
기후 위기 대응

주택은 양면적이다. 냉난방과 음식 조리 과정 등에서 탄소를 배출하여 기후 위기의 원인이 되기도 하지만, 기후 위기의 결과로 점점 심해지는 자연재해로부터 우리를 보호해주는 면도 있다. 그런데 열악한 품질의 주택은 이런 재해로부터 사람들을 제대로 보호하지 못할 뿐만 아니라 탄소는 탄소대로 배출하고 난방비 폭탄으로 가계에도 부담을 주는 다중의 고통을 가져온다.

이 고통들은 서로 연결되어 있다. 당장 목돈이 있거나 큰돈을 대출받을 수 있는 사람들만 에너지 효율이 높은 좋은 주택에 살 수 있다면, 가난한 사람들일수록 열악한 환경에서 많은 탄소를 배출하는 주택에서 지내게 된다. 슬픈 것은 이들이 평생 지불한 에너지 비용을 합치면 에너지 효율화를 위해 치러야 하는 초기비용보다 훨씬 클 수도 있다는 점이다. 무엇보다 탄소 배출로 인한 피해는 특정 대상에 한정되는 것이 아니라 모두에게 돌아온다. 따라서 우리의 주택을 '제로 에너지 주택'으로 바꿔나가는 것은 환경과 분배 차원의 정의 모두를 꾀하는 길이기도 하다.

사회주택은 기후 위기 대응을 위한 공급 모델도 선보이고 있다. 에너지 관련 기업과의 협업을 통해, '제로 에너지 사회주택'을 지을 수 있게 해준 녹색금융 모델이 일반 민간 주택이나 공공주택에도 확대될 수 있는 가능성을 앞장서서 개척하고 있다.

주택에서의 탄소 배출

유엔환경계획[UNEP]의 「온실가스 배출량 격차 보고서 2019」를 보면, 건설 환경부문은 세계 에너지 소비량의 36%, 온실가스 배출량의

구분	2000	2005	2010	2015	2018
건물	24.7%	26.1%	26.6%	23.3%	24.7%(1억 80백만 톤)
직접배출(화석E)	13.9%	11.5%	8.5%	7.2%	7.2%(52백만 톤)
간접배출(전기E)	10.8%	14.6%	18.1%	16.1%	17.5%(1억 27백만 톤)
수송	13.9%	14.6%	13.0%	13.6%	13.7%(98백만 톤)

우리나라 탄소 총배출량 중 건물·수송 구성비(출처: 국토교통부, 「국토교통 2050 탄소중립로드맵」)

39%를 차지한다. 주택만 놓고 보면 각각 22%, 17%를 차지한다.

국내 평균 수치는 온실가스 배출량 중 건물의 비중이 24.7%이고 이 중 주택은 55.2%로서 세계 평균보다 낮은 것으로 보인다. 하지만 2016년 서울의 경우, 건물부문의 배출 비중이 67.5%로 나왔다.[1] 결코 안심할 수 없는 수치이다. 한국은 사계절이 뚜렷하여 냉난방으로 인한 에너지소비 및 온실가스 배출이 다른 나라보다 더 클 것으로 예상된다.

주택 내에서는 주로 난방과 온수의 비중이 큰데, 최근 냉방 분야에서의 에너지소비가 급격히 늘어나는 추세다. 겨울철 난방과 여름철 냉방 수요는 주택의 형태와 건물의 배치와도 관련 있기에 여러 각도에서 살펴보아야 한다.

원래는 난방을 할 때 에너지를 많이 소비하지만, 최근엔 여름철 '피크 타임(첨두시간)'의 냉방 문제가 심각하게 대두되고 있다. 경제발전과 함께 에어컨 보급이 늘어나고 여름철 폭염이 잦아지면서 냉방 수요가 가파르게 증가하고 있다. 이 때문에 피크타임에 공급망 과부하가 걸려 대규모 정전 사태가 나지 않도록 대책을 세워야 하는 지경이다.

주택의 에너지 효율을 높이는 것은 더 이상 한가한 이야기이거나 광열비를 조금 아끼는 차원이 아닌, 우리의 생존이 걸린 매우 시급하고 중요한 문제다.

제로 에너지 주택이 필요하다

'제로 에너지 건물Zero Energy Building'이란 쉽게 설명하면 드나드는 에너지의 합이 '0'이라는 개념의 건물이다.[2] 이는 단열성능을 강화하여 에너지소비를 최소화하는 개념인 기존의 패시브 하우스Passive House와 태양광이나 태양열, 지열 등의 신재생에너지를 활용하여 능동적으로 에너지를 생산하는 액티브 하우스Active House의 개념이 합쳐진 것이다.

주택 차원에선 에너지 소비를 최소화하면서 동시에 생산해서 쓰는 자급률이 높아야겠지만, 마을과 도시 차원에서는 한집에서 생산한 전력을 다른 집으로 보낼 수 있도록 전력망도 양방향 송전이 가능해야 한다. 이를 실현하기 위해선 건물 하나만 잘 만든다고 되는 일이 아니다. 도시 차원에서 전력망을 지능형으로 만들고Smart Grid 반응하며Demand Response 이쪽에서 남는 전기를 쉽게 파악하고 부족한 곳으로 보내줄 수 있는 운영 능력도 갖춰야 한다.

현재 기술로는 아무리 에너지 효율을 높이고 또 자체적으로 에너지를 생산한다고 해도, 실제로 에너지 유입량을 0으로 만들기는 쉽지 않다. 따라서 제도적으로는 완전히 '0'이 되지 않더라도, 에너지 자립률이나 효율 등급에 따라 1~5등급의 제로 에너지 등급제를 운영하고 있다. 에너지 자립률이 100%를 넘으면 1등급이고, 80%를 넘으면 2등급인 식이다. 5등급은 에너지 자립률이 20%와

제로 에너지 건축의 개념: 단열성능을 극대화하여 에너지 부하를 최소화하고(패시브), 신재생에너지 생산(액티브)을 통해 에너지소요량 최소화				
패시브(Passive)		**액티브(Active)**		**제로 에너지 건축** (Zero Energy Building)
냉·난방 에너지사용량 최소화 (단열·기밀 성능 강화 등)	+	신재생에너지 생산 (태양광, 지열 등)	=	

에너지효율등급 1++이상을 충족하고 건물 에너지 모니터링 시스템(BEMS 등)을 설치한 건축물 중 에너지 자립률에 따라 5개 등급으로 구분 (*에너지 자립률 = 1차 에너지 생산량 / 1차 에너지 소비량)		
에너지효율등급	**에너지 자립률**	**제로 에너지 등급**
1++등급 이상 (최고 1++ ~ 최저 7등급) *최저 7등급 대비 80% 절감	100% 이상인 건축물	1등급
	80 이상 ~ 100% 미만인 건축물	2등급
	60 이상 ~ 80% 미만인 건축물	3등급
	40 이상 ~ 60% 미만인 건축물	4등급
	20 이상 ~ 40% 미만인 건축물	5등급

제로 에너지 건축도 개념과 인증 제도(출처: 국토교통부 2019년 6월 21일 보도자료 참고)

40% 사이다.

제로 에너지 건물 확대는 정부에서도 중요시하는 과제다. 국토교통부가 2021년 12월에 발표한 '국토교통 탄소중립 로드맵'에서는 건물 데이터 기반 구축, 신축 건물 제로 에너지화, 기축 건물

그린리모델링, 건물 에너지 수요 관리의 4대 과제를 제시했다. 이의 연장선에서 '제로 에너지 건축 의무화 세부 로드맵'이 발표되었다.

이에 따르면 2023년부터 공공이 짓는 30세대 이상의 모든 공동주택과 500㎡ 이상 면적의 공공건축물은 모두 제로 에너지 건물로 지어야 한다. 2024년부터는 민간도 30세대 이상의 공동주택을 지으면 제로 에너지 건물로 지어야 하고, 2025년에는 1,000㎡ 이상의 민간 건축물도 동참해야 한다.

그리하여 2030년에는 500㎡ 이상의 모든 공공과 민간 건물이 5등급 이상의 제로 에너지 건물로(일부 공공건물은 3등급 이상) 짓고, 2050년에는 모든 건물을 1등급 수준의 제로 에너지 건물로 짓겠다는 원대한 계획이다.

문제는 이런 건물을 지으려면 일반 주택보다 건설비가 더 많이 필요하다는 것이다. 안 그래도 비싼 집값이 제로 에너지 건물로 지으면 더 비싸진다는 말이니 주거비 차원에서는 큰 부담이 된다.

대신 광열비 지출이 줄어들 수 있다. 2023년 초 난방비 폭탄이 사회 이슈가 되었던 것을 생각하면, 에너지 비용이 더 비싸지는 상황에서 제로 에너지 주택의 경제적 타산성은 앞으로 더 높아질 것이다.

그런데 주택은 지을 때 초기비용의 부담이 큰 반면 제로 에너지 주택으로 얻는 이익은 장기간에 걸쳐 천천히 발생한다. 또한 비

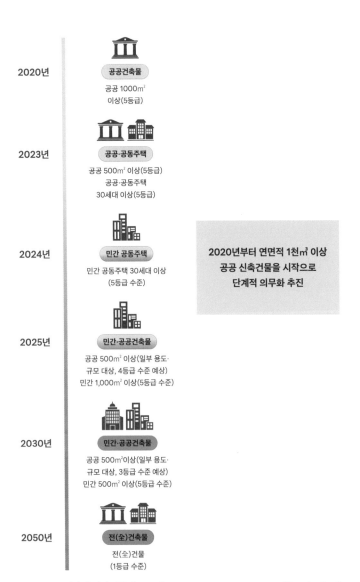

2020년

공공건축물

공공 1000㎡
이상(5등급)

2023년

공공·공동주택

공공 500㎡ 이상(5등급)
공공·공동주택
30세대 이상(5등급)

2024년

민간 공동주택

민간 공동주택 30세대 이상
(5등급 수준)

2020년부터 연면적 1천㎡ 이상
공공 신축건물을 시작으로
단계적 의무화 추진

2025년

민간·공공건축물

공공 500㎡ 이상(일부 용도·
규모 대상, 4등급 수준 예상)
민간 1,000㎡ 이상(5등급 수준)

2030년

민간·공공건축물

공공 500㎡이상(일부 용도·
규모 대상, 3등급 수준 예상)
민간 500㎡ 이상(5등급 수준)

2050년

전(全)건축물

전(全)건물
(1등급 수준)

제로 에너지 빌딩 의무화 로드맵(출처: '국토교통 2050 탄소중립 로드맵'을 토대로 재구성)

용을 부담한 주체(건설사나 다주택자)와 이익을 보는 주체(길어야 10년 정도 살 입주자 혹은 그보다 더 짧게 사는 세입자)가 서로 다른 경우가 많다. 이렇게 되면 사회적으로 제로 에너지 주택을 지을 유인이 더욱 줄어든다. 또한 대부분의 사람은 당장 이사 갈 곳을 마련하기 어렵고, 집을 고칠 목돈이 없어 평소 광열비가 많이 나와도 이를 감수하고 살아가는 경우가 많다. 게다가 용적률 증가에만 의존했던 과거 정비사업의 공식도 통하지 않게 된다면 재원의 문제는 더욱 심각해질 것이다.

그래서 필요한 것이 '그린뉴딜Green New Deal' 개념이다. 파격적인 재정지원, 이를 통한 산업구조와 생태계의 변화, 새로운 일자리 창출과 이해관계의 재정렬과 같은 '뉴New 딜Deal' 즉, 새로운 사회계약이 녹색의 관점에서도 필요하다.

그린뉴딜의 등장

2007년 이후 세계 금융위기를 극복하려는 정책을 기후 위기 대응에 연계하자는 제안들이 본격적으로 나오기 시작했다. 그린뉴딜은 2008년에 영국의 그린뉴딜 그룹Green New Deal Group이 처음으로 전면에 내세운 단어로 알려져 있다. 2009년 유엔환경계획에서는 G20 정상회의를 맞이하여 '지구적 그린뉴딜'을 발표했다. 기후 변화, 환경파괴와 빈곤 해결을 꾀하면서 일자리 창출과 세계경제의 부흥을 이끌자는 취지였다. 다음의 다섯 가지 주요 분야에 대한 재정투자 권고안이 나왔는데, 첫머리가 건물과 에너지에 관련된 것이다.

- 오래된 건물과 신축건물의 에너지 효율성
- 바람, 태양, 지열, 바이오매스 등 재생가능에너지
- 하이브리드 차량, 고속철, 버스 고속 환승BRT 등
  지속 가능한 교통
- 담수, 숲, 토양, 산호 등 지구의 생태 인프라
- 유기농업을 포함한 지속 가능한 농업

언론에 그린뉴딜이 본격적으로 등장하기 시작한 것은 2019년 부터다. 그 당시 유럽연합의 '그린딜' 계획과 미국 민주당의 '그린뉴 딜' 결의안이 발표되었다.

한국은 이런 흐름에 동참하며 IT 강국으로서 스마트 뉴딜의 관점을 결합하려고 했는데, 2021년 초 세계를 강타한 코로나로 인한 경제위기에도 대처해야 하는 상황이 되었다. 그리하여 2020년에 발표된 한국 정부의 '한국판 뉴딜'은 디지털 뉴딜, 그린뉴딜, 안전망 강화라는 2+1의 정책 방향과 3개 분야 10대 대표 과제와 28개 정책과제로 구성되었다.

여기에는 주거와 관련된 의제들도 많이 포함되었다. 그 의제

에는 그린리모델링, 그린에너지, 친환경 미래 모빌리티과 같은 주요 과제뿐만 아니라 28대 과제 중에서도 '국토·해양·도시의 녹색 생태계 회복' '에너지관리 효율화 지능형 스마트 그리드 구축' '신재생에너지 확산 기반 구축 및 공정한 전환 지원' '전기차·수소차 등 그린 모빌리티 보급 확대' 'R&D와 금융 등 녹색 혁신 기반 조성' 등이 해당된다고 할 수 있다.

제일 먼저 논의되는 그린리모델링 외에도 다양한 분야가 직접적으로 관련 있는 이유가 있다. 주택은 개별 건물로서 홀로 존재하는 것이 아니고, 인간이 만든 건설 환경를 구성하는 하나의 요소로 기능한다. 에너지 체계, 교통체계 그리고 경제적 차원에서 이들을 연결하는 금융 체계 등 물리적·경제적·사회적 차원의 많은 요소와 밀접한 관련을 맺을 수밖에 없다.

앞서 이야기했듯 하나의 주택에서 생산한 에너지를 마을과 공유하거나 이웃 마을로 보내기 위해서는 기존의 일방향 전력망이 아닌 하드웨어적인 양방향 전력망이 필요하다. 송전과 역송전의 기능을 제어하기 위해 소프트웨어적인 기술도 있어야 하고, 의사결정과 협력을 통해 이를 작동시킬 사람과 제도도 필요하다. 과거에는 이런 협력체계가 없었다. 이 새로운 시스템은 주택을 기반으로 작동해야 하는데 여기에서도 사회주택의 의의를 찾아볼 수 있다.

제로 에너지 주택과 사회주택

처음 제도를 도입할 때는 기후 위기 해결을 목적으로 한 것이 아니었지만, 보면 볼수록 사회주택의 사업 구조는 '일반 주택의 제로 에너지 주택으로의 전환'을 위해서도 더욱 확산될 필요가 있다. 19세기 말 유럽에서 사회주택이 확대된 계기는 콜레라나 결핵과 같은 질병에 대항하기 위해서였고, 20세기 중반에는 전후 복구를 위해서였는데, 21세기 한국에서 기후 위기 대응이 그 계기가 되지 말라는 법도 없을 것 같다.

공급 주체와 운영 주체가 일치하거나 가까운 사이면, 주택을 오래 쓰게 하는 유인이 자연스럽게 생기며 이를 통해 생태적가치와 분배정의를 조화시키는 것도 수월해진다. 비용을 부담하는 이와 편익을 누리는 이들 사이의 거리가 가까워져서 시스템이 원활하게 작동하게 되는 것이다. 이 과정을 조금 더 상세히 살펴보자.

주택 관련 비용은 건설 비용만 있는 것이 아니다. 생애주기 차원에서 보면 비용은 기획·설계 단계(0.4%), 실제 건설 단계(15.9%), 운영·유지관리 단계(83.3%), 철거와 폐기 처분 단계(0.4%)마다 발생한다. 앞의 두 단계, 즉 기획·설계 단계와 건설 단계를 합친 공급 단계의 비용보다, 운영 단계에서 소요되는 비용이 무려 5배를 넘는다. 초기 공급 비용이 조금 더 들더라도 운영·유지관리 단계의 비용을 대폭 절감할 수 있다면(옆 그림의 붉은 선) 전체적인 비용 절약의 편익이 훨씬 클 것이다. 이렇게 생애주기비용 차원에서 보면 운영 단계의 중요성을 보다 쉽게 알 수 있다.

전체적으로는 더 이익이지만 상황에 따라 손익분기점을 지나는 데 대략 10~20년 정도 걸린다고 하면, 당장 비용을 부담해야 하는 측에서는 망설여지기 마련이다. 조만간 이사를 가게 된다면 집을 팔 때 주택의 성능이 반영된 값을 받을 수 있을지 불안할 것이다. 오랜 기간 거주할 계획이라 해도 그사이 주택의 에너지 성능이 떨어지진 않을까 걱정도 될 것이다. 집을 바로 팔아야 하는 건설업자나 임대료로 공급 비용을 충당해야 하는 임대업자 역시 고민이 될 것이다.

에너지 절약 혜택은 다른 사람이 누리는데, 건설 비용이 더 들어간 제로 에너지 주택을 제값 받고 팔 수 있을지는 공급자의 리스크일 것이고, 처음에 치른 비용을 임대료에 제대로 반영할 수 있을

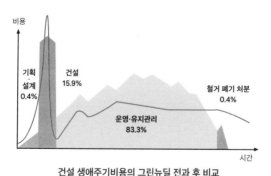

건설 생애주기비용의 그린뉴딜 전과 후 비교

(수치 출처: 「LCC 개념 도입을 위한 시설안전관리체계 선진화 방안」, 국토연구원, 2000, 193쪽)

지는 임대인의 리스크일 것이다. 임차인의 경우라면, 이 집이 정말 에너지 효율이 높은지, 임대인이 비싸게 부르는 임대료가 제값을 하는 것인지 불안함을 안게 될 것이다.

정리하자면, 제로 에너지 주택의 문제는 손익분기점이 멀리 있다는 것이다. 더불어 공급 비용을 부담하는 측과 운영 단계의 편익을 누리는 측이 대체로 불일치하며, 주택의 품질과 성능에 대한 정보가 대칭적이기 힘들다는 것이다. 공급자 입장에서는 소비자들이 제로 에너지 주택에 대한 신뢰를 가지고 추가 비용을 부담해줄지의 여부가 관건이다. 이런 측면에서 공공과 같은 신뢰할 수 있는 기관이 개입하여 '건축물 에너지 등급제'나 '녹색건축물 인증제' 제도를 운영하는 것은 소비자의 신뢰를 끌어내는 장치가 될 것이다.

그런데 주택은 애초부터 공급자와 소비자 사이의 정보비대칭성이 매우 큰 재화다. 다 지어진 집의 벽이나, 바닥과 천장 어딘가 눈에 보이지 않는 곳이 제대로 지어졌는지 입주자가 확인하기는 쉽지 않다. 사람들이 대기업의 브랜드 아파트를 선호하는 이유에는 제품의 품질에 대해 대기업이 확보한 신뢰의 영향도 크다. 아무리 에너지 등급제나 녹색건축물 인증제가 있더라도 주택의 품질과 실제 효능에 대한 신뢰가 자리 잡기까지는 많은 시간과 노력이 필요할 것이다.

여기서 네덜란드의 사례를 눈여겨볼 만하다. 네덜란드 사회주택은 '품질연동형' 임대료 체계를 따른다(임대료는 주택의 품질에 맞춰

정하고, 소득이 적은 이들에게는 별도로 임대료를 낮게 책정하는 것이 아닌 주거보조비를 준다). 에너지효율등급이 높은 사회주택은 임대료 산정시 이를 반영할 수 있다. 사회주택 운영자는 입주자들의 이해를 돕기 위해 광열비 고지서를 임대료 고지서와 함께 발행해 보여주면서, 일반 주택보다 광열비가 얼마나 더 절약되었는지 표시해주기도 한다.

기후 위기를 극복하기 위한 노력에 각 주체들의 참여와 호응을 끌어내지 못한다면 첨단기술을 개발하고 비용을 투입해도 좋은 결과를 기대하기 힘들다. 단언컨대, 기술만능주의에만 머무르면 결코 성공할 수 없다. 좋은 기술의 실제 효능을 증명하고 비용을 부담하는 측과 편익을 누리는 측 사이의 신뢰를 어떻게 쌓아갈지, 구체적인 제도 운영에 세심하게 신경써야 한다.

이때 사회적경제 주체는 정보비대칭성이 강한 분야에서 신뢰를 구축하는 데 특히 유리하다. 사람들이 의료복지사회적협동조합을 찾는 이유는 단순히 의료비를 절약하기 위해서만이 아니다. 조합원들의 이야기를 들어보면, 사회적경제 발전을 꿈꾸는 거창한 동기나, 무조건 가격이 저렴할 것이라는 기대 때문에 협동조합을 선택한 것 역시 아니었다. 필요한 비용이라면 기꺼이 들여 제대로 치료할 의중은 있지만, 일반 병원에서는 혹시나 과잉 진료나 불필요한 처방을 받을까 하는 불신 때문에 협동조합을 선택했다는 것이다.

이는 주택 분야에서도 통할 수 있는 이야기다. 공급자와 운영자의 거리가 매우 가까운 사회주택이나, 아예 공급자와 운영자가 일치하는 당사자 협동조합형 사회주택은 이런 정보비대칭성을 극복하기 유리한 구조다. 입주자의 장기 거주를 보장하고 평소 주택의 운영관리에 대한 내용을 성실하게 공유하는 사회주택이라면, 제로 에너지 주택의 성능을 최대한 발휘하면서 입주자의 신뢰를 얻기가 수월할 것이다.

제로 에너지 주택은 먼 미래의 일이 아니다. 이미 2017년에는 노원구에 121세대 규모의 공공주택단지가 이지하우스라는 이름의 제로 에너지 주택으로 지어졌다. 2019년에는 세종, 김포, 오산에는 임대형 제로 에너지 단독 주택단지가 지어졌고, 송도에는 고층 아파트 단지가 제로 에너지 주택으로 지어졌다. 사회주택 중에는 녹색친구들이 은평구와 마포구에 지은 제로 에너지 사회주택 녹색친구들 대조와 연남이 있다. 이 중 대조의 사례를 소개한다.

녹색친구들 대조가 일반 주택보다 공사비가 더 드는 제로 에너지 주택을, 바로 분양하는 것도 아니라 장기간 임대 사업을 통해 비용을 충당하는 사회주택으로 지을 수 있었던 건 서울시의 사회주택 정책과 함께 '녹색금융'의 힘을 빌린 덕분이다. 에너지 절약 전문 기업ESCO에 해당하는 캡코KEPCO측에서 19억 원에 이르는 건축비를 시공사에 지급하고, 시행사인 녹색친구들이 이를 상환하는 3자금융리스 형식을 취했다.

토지는 서울시 토지지원리츠를 통해 토지 임대부 방식으로 마련하여, 연면적 857m²의 지상 6층 건물에 주택 16가구와 근린생활시설 하나를 넣고, 커뮤니티 시설과 주택은 유연 평면(생활상의 필요에 따라 벽을 설치 또는 제거하기 용이한 평면)으로 설계했다. 국토교통부의 탄소중립 로드맵 규정상의 의무화 대상에는 해당되지 않는 작은 집이지만, 제로 에너지 주택과 장톳수명 주택의 원칙을 선도하고 있는 것이다.

녹색친구들 대조는 제로 에너지 주택으로 지은 덕에 기존 사회주택보다 일반 관리비는 감소했지만, 공급비용은 공사비와 감리비를 합쳐 약 34% 증가했다. 늘어난 공사비를 회수하려면 30년 가까이 임대를 해야 한다. 건축물의 품질을 유지하고 수명을 늘리기 위해서 사업자가 발 벗고 나서게 될 수밖에 없는 구조다. 공사비 상승의 주요인은 제로 에너지 설비(BEMS 구축, PV 패널 설치) 및 상승된 승인 단열 기준에 맞는 진공유리 창호 구축이었고, 아무래도 제로 에너지 빌딩으로 처음 만들다 보니 공사 기간이 늘어난 것도 영향이 있었다고 한다.

녹색친구들 대조는 녹색금융 방식으로 사회주택 사업자와 에너지 절약 전문 기업의 협력사업이 이루어진 첫 번째 사례이다. 소셜 디벨로퍼의 시행-시공-임대 운영 전반에 대한 전문성과 제로

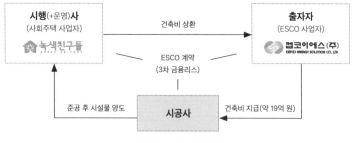

시행(+운영)사	건축비 상환	출자자
(사회주택 사업자)		(ESCO 사업자)

ESCO 계약
(3차 금융리스)

| 준공 후 시설물 양도 | **시공사** | 건축비 지급(약 19억 원) |

녹색친구들 대조 사업 구조도

에너지 빌딩 건축을 위한 임팩트 자금 조성 및 투자가 결합한 것이다. 중대 규모의 단지가 아닌, 단위 주택 유형에서 제로 에너지 빌딩 사업이 시도된 것으로는 최초의 모델이다.

소규모 다세대, 다가구 주택들을 당장 전부 제로 에너지 주택으로 전환하기는 어려울 것이다. 용적률 상향을 통해 세대수를 늘리는 대규모 정비사업도 비용 상승으로 공사가 중단되곤 하는데, 생계형 민간임대 영역이나 자가 소유의 경우라도 자체 자본력을 동원하기 어려운 주택들은 에너지 효율화 비용을 감당하기 어려울 수 밖에 없다. 사업자당 평균 3채를 관리하는 민간임대 사업자에게도 임차인의 광열비 절약은 투자의 별다른 인센티브가 되지 않을 것이다.

하지만 주택 분야에서 탈탄소를 실현하는 문제는, 다시 한번 강조하지만, 광열비 절약이나 에너지 복지 차원에 머물지 않고 인류 전체가 살아남기 위해 꼭 필요하다. 그렇다면 전기자동차에 보조금을 주듯, 주택의 탈탄소화를 위해서도 사회적으로 투자를 못할 이유는 없다.

이를 위해 주택부문에도 녹색금융과 '그린 정비사업 모델'이 도입되어야 한다. 자가소유자의 경우라도 그린 리모델링을 진행할 경우 이자율 0%로 지원하는 벨기에의 '레노팩Rénopack 프로그램'[3]을 참고할 만하다.

향후 과제: 녹색금융과 그린 정비사업

녹색금융의 기본 원리는 이미 우리 생활 가까이에 있다. 핸드폰 기기 가격을 이용 요금과 할부로 같이 납부하는 것이 대표적인 예다. 이를 '과금(요금) 기반 금융On-Bill Financing' 모델이라고 한다.

국토연구원 보고서에서 국내외 금융시장에서 작동되고 있는 녹색금융 모형들을 참고하여 한국형 OBF 파이낸싱 프로그램을 제안한 바 있다.[4] 다음 페이지의 그림은 그 프로그램 구조를 활용하여 사회주택 관련 주체의 역할을 탐색해본 것이다. 여기서 복잡한 금융상품의 작동 원리를 다 설명하려는 것은 아니다. 하지만 제로 에너지 주택으로 녹색 전환을 하기 위해서는 결국 돈의 흐름이 중요하며, 당장은 낯설지 몰라도 다양한 방식의 녹색금융 프로그램이 개발되고 시도되고 있다는 점, 앞으로 우리 사회가 이를 더욱 발전시키고 확산시켜야 한다는 점을 말하고 싶다.

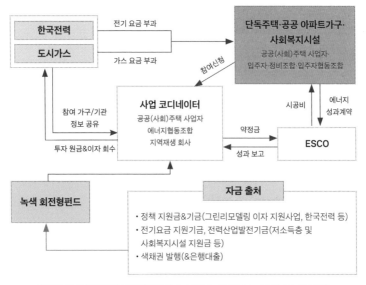

한국형 OBF 프로그램 모델의 응용(출처: 2020 국토연구원 보고서에 일부 추가(붉은색))

전국에 노후주택이 몇 채인데, 재정적인 문제를 생각하면 한숨부터 나올지도 모르겠다. 하지만 충분히 가능하다. 사회주택이 선도한 모델을 조금만 더 발전시키면 된다. 꼭 녹색금융이 아니더라도, 부담 가능한 주택을 짓기 위해서 공급자에게 장기 저리로 돈을 빌려줘야 한다는 이야기는 사실 새삼스러울 게 없는 이야기다. '장기 저리 공급자금융'은 기후 위기 대응과 전세보증금 사기 피해의 근본적인 해결책을 위해서, 사회주택에서 발생했던 유사한 사고 해결을 위해서도 꼭 필요하다. 이에 대해서는 다음에 이어질 3챕터에서 살펴본다.

3
사회주택의
아픈 손가락

사회주택에서도 세입자가 피해를 입는 사고가 있었다. 일반 시장에서의 부도나 부실 공사 같은 사고에 비하면 발생률이 낮을지 몰라도, 입주자들이 보증금을 돌려받지 못하는 사태가 최근의 전세보증금 피해가 본격화되기 전부터 벌어진 적이 있었다.

D 협동조합의 보증금 미반환 문제

D 협동조합은 2015년부터 서울시의 '빈집 살리기' 초기 프로젝트에 적극 참여했다. 이 사업자는 사회주택협회에도 가입하지 않고 공격적으로 사업을 확장했다. 주로 노후주택을 리모델링하여 셰어

하우스로 공급하면서 월세의 비중을 낮추고 전세보증금의 비중을 높여 목돈을 굴렸다고 한다. 최근의 악성 갭투자 전세 임대인과 유사한 방식으로 사업을 벌인 것이다. 그러던 중 공실률이 늘어나니 사달이 났다. 2019년부터 입주자의 임대보증금을 제때 반환하지 못하는 상태가 된 것이다.

서울시가 보조금을 준다고 하니 초기비용이 많이 들지 않을 것이고, 주변보다 비교적 저렴한 임대료면 입주자 모집에 어려움이 없을 것이라 생각했지만 현실은 그렇지 않았다. 나중에는 보증금 비중을 올려서 급한 불을 끄는 식으로 악순환에 빠졌다가, 결국 지급불능 상태까지 가게 되었다.

이 사업자는 협동조합이었지만 입주자가 조합원으로 가입하는 것이 아니었고, 사업자의 법인 형태를 주식회사가 아닌 협동조합으로 했을 뿐이었다. 서류상으로 형식만 갖추었을 뿐 실제로 조합원들이 활발하게 참여하는 사업자 협동조합은 아니었다. 게다가 서울시 사회주택뿐만 아니라 일반 부동산 개발사업에도 뛰어들었다가 재무구조가 더욱 악화되었다.

표면적인 문제의 원인은 높은 공실률 때문이기도 한데, 정확한 이유를 파악하기 위해서는 이 특정 사업자의 불친절한 고객관리의 문제인지, 주택의 품질 때문에 주거 만족도가 떨어진 것인지 여러 측면을 살펴봐야 할 것이다. 그러나 정책적인 차원에서 보면 불리한 입지 조건이나 열악한 주변 환경의 문제도 커 보인다.

애초에 빈집이 집이 비게 된 데에는 이유가 있다. 집의 지리적 위치가 마을버스에서 하차한 뒤 상당 거리를 걸어가야 하는 언덕 위에 있거나, 정비사업이 해제된 지역에 있어서 근방에도 다른 빈집이나 철거된 건물 잔해가 있는 등 주변 환경이 열악한 경우가 많았다. 이런 문제는 개별 주택을 예쁘게 리모델링하고 주변 시세보다 가격을 낮춘다고 해결할 수 없었던 것이다.

여기서 서울시와 다른 사업자들은 중요한 시사점을 얻을 수 있었다. 청년 1인가구 입장에서 보면 참 새삼스러운 깨달음이라고 할 수 있는데, 수요자 입장에서는 임대료가 조금 더 비싸더라도 차라리 역세권의 좁은 고시원에 가는 것이 낫지, 교통이 불편하고 치안이 좋지 않은 곳을 월 몇만 원을 절약하기 위해 선택하지 않는다는 것이다.

이는 '비자발적 자가 마련 포기'의 심정과 깊은 관련이 있다. 이른바 '이생망'의 심리, '이번 생에 내 집 마련은 망했다' 하는 심정이 들면, 계획을 세워 저축을 하면서 몸이 조금 고생하더라도 주거비를 매달 몇만 원이라도 아끼고자 하는 마음이 사라지는 것이 당연하다.

이런 경우에 해당하는 당사자들에게 집이라는 곳은 대개 도서관에서 공부를 하거나 아르바이트가 늦게 끝나면 들어가서 잠만 자고 나오는 곳이다. 따라서 몸만 누이더라도 이동시간과 노력을 절약해주는 곳이 낫지, 조금 저렴하거나 혹은 같은 가격에 방 면적이 더 넓다고 해서 교통이 불편한 곳에 위치한 '빈집 리모델링형 사회주택'을 선택할 이유가 없다. 역시 부동산의 제1·제2·제3 덕목은 모두 '입지'라는 말이 여기서도 통했던 셈이다.

이런 문제들 외에 '민간 전대형' 방식이 되다 보니 공공 재정이 투입된 결과가 6~8년 후에는 결국 주택 소유주의 이익으로 귀속되는 점, 중간에 D 협동조합과 같이 사업자가 보증금을 받고 나서 반환하지 못하는 상황이 생기는 점을 감안하여, 2018년부터는 '빈집 리모델링 사회주택' 사업은 폐지되었다. 그 뒤 서울시 차원에서 별도의 빈집 정책을 수립하는 부서로 업무가 넘어갔다. 이후에는 아예 서울시가 빈집을 매입해 '민간주택 전대사업'의 문제를 극복하고, 리모델링뿐만 아니라 신축도 할 수 있도록 하고, 주변 주거 환경 개선 효과를 꾀할 수 있도록 지역사회를 위한 생활Social Overhead Capital이나 근린생활시설을 포함하는 사업으로 전환하게 된다.

한국사회주택협회에서는 '사회주택'이라는 영역에서 발생한 사고인만큼, 입주자들의 피해를 최소화하고자 나섰다. 공공의 재정적 지원은 없었지만 ㈜사회주택관리라는 특수목적 법인을 설립하여 회원사들이 갹출한 돈으로 부실 사업장을 인수하였다. 그런데 D 협동조합은 '서울시 사회주택' 사업에 해당하는 물량과 별도의 주택 임대 사업도 하고 있었다. 그런 개별 사업장까지 ㈜사회주택관리가 다 인수하지는 못해서, 그런 곳에서는 아직까지 임차인의 피해가 해결되지 않은 상황이라고 한다. 서울시도 사회주택 사업도 아닌 개인 사업의 문제에 지자체가 나서기에는 난처한 노릇이었다. 한국사회주택협회에 자금력이 풍부했다면 하는 아쉬움이 컸지만 이는 협회가 '사회주택기금' 마련에 적극적으로 나서는 계기가 되었다.

전세금반환보증보험 가입 문제

난감한 문제는 하나 더 있다. 세입자 보호 대책의 일환으로 도입된 '전세보증금반환보증' 제도의 유탄이 사회주택 사업자들에게 떨어진 것이다.

세입자의 보증금을 보호하기 위해서 전세보증금반환보증 보험제도가 생기고 2021년 이후부터는 임대 사업자의 가입이 의무화되었다. 보증 기관(HUG)의 입장에서 아무 전세 가격이든 다 인정해서 보증을 서줄 수 없으니, 전세금반환보증보험에 가입하기 위해서는 해당 주택의 담보가치 대비 부채(전세보증금 포함) 비율이 100%를 넘지 않도록 하겠다는 규정 때문이다. 즉, 주택 가격 및 다른 자산의 합이 2억 원이면, 전세보증금과 다른 부채를 합한 금액이 2억 원을 넘으면 안 된다는 것이다. 이로 인해 향후 토지 임대부 사회주택 사업은 중단될 위기에 처했다. 토지 임대부 사회주택의 사업자의 자산에서는 '토지'가 빠지기 때문이다.

일반적인 민간 주택은 매매가격 2억 원에 전세보증금이 1억 5천만 원이면 전세가율(=부채비율) 75%로 문제가 되지 않는다. 그런데 토지 임대부 사회주택은 어떨까? 전세보증금이 시세의 80%인 1억 2천만 원이라 해도, 주택의 전체 가치에서 (서울 같으면 1/2을 쉽게 넘는) 토지 지분을 빼게 되면, 자산이 1억 원 이하가 될 수 있다. 땅은 공공의 것이라 더 안전한 주택인데도, 서류상 부채비율은 120%가 되어 보증보험에 가입하지 못하는 것이다.

피나는 노력 끝에 간신히 100%를 맞춰도, 완공 직후부터 건물은 가치가 감가상각한다. 결국 몇 년 뒤엔 부채비율이 100%를 넘어가게 되는 것이다.

해법은 세 가지다. 첫번째, 토지 임대부 사회주택 전용 보증상품을 만드는 것이다. 여기엔 공공 토지주도 같이 가입하게 할 수도 있겠다. 두 번째, 공공 토지를 임대하는 사회주택은 보증보험 가입의무에서 풀어주는 것이다. 세 번째, '장기 저리 공급자금융'을 통해서 처음부터 전세보증금 규모를 낮춰 잡을 수 있도록 하는 방법이다. 위의 경우라면 전세 1억 2천만 원이 아닌, 보증금 2천만 원에 월세 50만 원으로 사업 구조를 짤 수 있도록 해 주는 것이다.

앞의 두 가지보다 마지막 방법이 더 근본적인 해법이며, 사회주택뿐만 아니라 일반 임대 시장에도 확대 적용해야 하는 정책이다. 보증보험은 사고를 전제로 하는 장치인데, 보증금 규모를 낮추면 사고를 원천적으로 줄일 수 있기 때문이다. 2019년 3,442억 원 수준이었던 HUG의 보증 사고 금액은 2022년 1조 1,726억 원을 거쳐 2023년엔 무려 4조 3,347억 원에 이르렀다. 이런 사고 수습에 들어갈 돈을 앞으로는 장기 저리 공급자금융으로 투입하는 것이 현명하지 않겠는가.

이는 내 집 마련의 중요한 동기 중 하나인 우리들의 노후 대비와도 밀접한 관련이 있다.

4
사회주택과 노후 대비,
그리고 금융

젊어서 성실하게 번 돈으로 집을 하나 사두고, 그로부터 생기는 임대료 수익으로 노후를 대비하려는 계획은 많은 이들에게 인기 있는 은퇴 전략이다. 이는 나쁘게만 볼 일은 아니다. 앞선 세대가 열심히 저축해 번 돈으로 건설비를 내주면 건설업체도 먹고 살 수 있고 후속 세대는 기존에 지어진 건물에 들어가 살 수 있다.

하지만 앞으로는 다른 방식이 필요하다. 지금의 모델이 비도덕적이어서가 아니다. 앞으로는 동일한 방식의 노후 대비가 불가능해지기 때문이다. 고령사회의 구조상 그렇게 되어간다. 미래에도 이 전략이 통하길 기대하는 건 개인의 노력과 별개로 더욱 어려워질 것이다.

고령사회와 생계형 임대 사업의 종말

세계은행의 분류에 따르면 은퇴 연령인 65세가 넘는 인구가 전체의 7% 이상일 때 '고령화사회', 14% 이상일 때 '고령사회', 20% 이상은 '초고령사회'라고 한다.[5]

한국은 이 비율이 2000년에 7.2%로 고령화사회에 진입한 이후, 2018년부터는 14.5%로 고령사회에 접어들었다. 초고령사회 진입은 20.6%로 기록될 2025년일 것으로 예상된다. 나아가 2035년에 30.1%, 2050년에는 43%를 넘어서게 될 것으로 전망된다.[6] 이대로라면 지금의 중고등학생들이 은퇴할 2070년 즈음에는 인구의 과반이 65세 이상인 '초초초고령사회'가 될지도 모른다.

이런 사회에서 너도나도 '노후 대비를 위한 생계형 임대'를 위해 집을 한 채씩 사두겠다고 하면 어떻게 될까?

10명이 사는 사회를 생각해보자. 은퇴자가 2명(20%)인 사회에서 은퇴자가 모두 2주택자라면 나머지 경제활동인구 8명 중에서 2명이 세입자로 살면 된다. 자가거주율은 80%가 될 것이고, 경제활동인구 중에서 1/4이 세입자로 사는 세상이라면 그럭저럭 굴러갈 것 같다.

은퇴자가 4명이 되면, 경제활동인구 6명 중 4명이 세입자가 되어야 은퇴자들의 생계용 임대주택이 임차인을 구할 수 있게 된다.

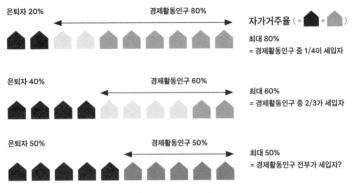

은퇴자 20%　　　　　　　　　　경제활동인구 80%

자가거주율 (= +)

최대 80%
= 경제활동인구 중 1/4이 세입자

은퇴자 40%　　　　　　　　　　경제활동인구 60%

최대 60%
= 경제활동인구 중 2/3가 세입자

은퇴자 50%　　　　　　　　　경제활동인구 50%

최대 50%
= 경제활동인구 전부가 세입자?

은퇴자와 경제활동인구 비율 대비 자가거주율

자가에서 사는 이들은 은퇴자 4명과 경제활동인구 중 나머지 2명이므로 자가거주율은 60%로 떨어지게 된다. 임대인 입장에서는 이전 경우보다 경쟁자가 많아진다. 65세 이하 인구의 입장에서는 2/3나 세입자가 되어야 한다면, 앞선 세대 때문에 내 집 마련이 힘들어져서 세대 갈등의 소지가 커질 수 있겠다.

　　만약 은퇴자가 50%가 된다면 어떻게 될까? 이들이 집을 한 채씩 더 가지게 되면 경제활동인구 모두가 세입자가 되어야 한다. 그러나 그럴 리는 없을 것이다. 누군가는 증여를 받든 열심히 일을 해서든, 경제활동을 하는 인구 중에서도 자가 소유를 하는 사람이 생기지 않을 리 없다. 그렇다면 이젠 은퇴자 쪽이 문제다. 개인이 아무리 노력해도 인구구조 상 은퇴 집단에서 생계형 임대를 할 수 없는 사람이 생길 수밖에 없다는 이야기다. 그리고 지금 한국 사회는 그런 양상으로 치닫고 있다.

상황판단이 빠른 이들이라면 지금 바로 책을 덮고 나가서 하루빨리 집을 한 채 더 사두겠다고 할지도 모르겠다. 개인으로서는 합리적인 경제행위라고 볼 수 있을 것이다. 그러나 초고령사회를 목전에 둔 국가와 공공정책이 이를 권유할 수는 없다. 그렇다면 어찌해야 할까?

주택에 연금기금을 투입하자

국민연금기금 순 자산은 1,000조 원을 돌파했다. 2023년 결산을 보면 운용수익 126조 원과 보험료 수입 58.4조 원에서 급여 지급액 39조 원을 빼고 145조 원의 자산이 늘어 순자산 1,035조 8천억 원 규모의 기금이 되었다. 이 돈은 초기에 목돈이 확보되어 있으며, 조기 회수를 하지 않고 장기적으로 배당을 받아도 무관한 대표적인 재원이다.

초기에 많은 돈이 들지만 자금회수에 오랜 시간이 걸리는 주택이나 발전소의 공급을 위한 녹색건설 금융으로 안성맞춤이다. 이미 2012년에도 공공주택 건설을 위해 연기금을 쓰는 방안에 대한 연구 결과가 나온 적이 있다.[7] 외국에서는 스웨덴의 공적 연기금인 AP펀드가 공공주택 건설에 투입되었던 사례나, 연금을 활용하여 낙후 지역 발전과 같은 공공 목적의 투자를 했던 캐나다의 '퀘백저 축투자금고' 사례가 있다.

그런데 사회주택이나 제로 에너지 주택사업의 수익으로는 연기금의 요구수익률을 감당하지 못할 수도 있다. 그러면 또 다른 기금이나 정부 재정에서 차액을 보전해주는 방법이 있다.

예를 들어, 연기금은 4%의 수익을 내야 하고 주택사업에서 생기는 수익은 2%에 불과하다면, 그 차이인 2%의 수익률을 예산에서 보전해주는 것이다. 국가에서 책정한 차액 보전 예산이 1조 원이라면 연기금에서 총 50조 원을 조달해올 수 있는 것이다.

1% 보전이면 100배, 2% 보전이면 50배를 조달할 수 있는 이런 승수효과 덕분에, 이차보전 방식을 활용하면 예산의 범위 보다 훨씬 많은 자원을 동원할 수 있게 된다. 이는 사업자의 이자 부담을 덜어주기도 하지만, 돈을 빌려주는 입장에서 걱정될 이자 미납 리스크를 줄여주는 측면도 있다.

이런 프로그램은 사회주택에서 이미 실천한 사례가 있다. 토지지원리츠 사회주택에 투입되는 주택도시기금의 요구수익률을 맞추기 위해 서울시가 1% 정도의 차이를 지원한 사례다. 덕분에 돈을 빌린 쪽의 신용이 보강되는 효과가 생기면서 이자율을 더 낮출 수 있게 되었다.

사회주택이 선도하는 지속 가능한 금융

과거의 주택금융은 소비자의 돈을 미리 끌어오거나, 용적률을 늘리는 것에 기대어 작동했다. 1970~1980년대에는 수출산업을 지원하기 바빠 주택 건설에는 대규모 자금을 투입하기 어려웠다. 그래서 당시 청약이나 선분양 제도는 제도권 금융 대신 소비자의 돈을 모아 공급자에게 전달하는 통로, 내지는 '공급자금융'의 역할을 했다. 이런 시스템에서 다주택자는 최종 소비자로부터 전세보증금을 받아 이를 건설회사에 전달하는 중요한 역할을 했다.

1990년대를 지나면서 건설회사의 규모가 커졌고 아파트 단지를 공간적 기반으로 한 대규모 거주자 집단이 생겼다. 이미 지어진 주택단지의 정비사업에서는 거주자 집단이 땅을 대고, 이제는 체력과 자금력을 갖추게 된 건설회사가 건설비를 대거나, 제도권의 PF 보증 제도를 통해 대출을 받으면서 늘어나는 용적률과 이를 채워줄 새로운 입주자들의 자금으로 사업을 진행할 수 있었다.

하지만 용적률을 늘릴 수 없는 단계에 이르거나, 주택가격이 안정되어서 전세의 기반이 흔들리면 이런 방식은 더 이상 통하지 않을 것이다.[8] 과거의 패러다임에서 혜택을 입은 이들과 비교하면 억울할 수 있지만, 지금부터는 다른 방법을 찾아내야 한다.

사회주택이 시도했던 방식의 의의가 여기서 유감없이 드러난다. 그동안 거대 공기업이나 민간이 주도하는 정비사업에서는 이런 금융 구조를 눈여겨보지 않았고, 그럴 필요를 느끼지 못했을지도 모른다. 그러나 사회주택은 부담 가능한 수준의 임대료를 받으면서도 지속 가능한 임대 사업을 벌이고자, 공공과 사회적 경제주체 사이에서 또 공공 내에서도 주택도시기금과 지방자치단체 사이에서 다양한 협력 방식을 모색했다. '영세한 사회적 경제주체'라서, '분양 사업을 하지 않으니 자금 회전이 느려서' 어쩔 수 없이 택했던 방식일지 몰라도, 덕분에 우리의 미래를 위한 지속 가능한 주택금융의 길을 미리 걸어갔던 것이다.

사회주택이 제시한 금융 구조는 주거복지와 기후 위기 대응은 물론이요, 초고령사회 대한민국에서 공동의 노후를 대비할 연기금의 운용 방안으로도 꼭 필요하다. 주택 분야의 기금인 주택도시기금도 마찬가지다. 주택도시기금의 연간 운용액은 100조 원 안팎인데, 2022년에는 이 중 약 40조 원이 주택이 아닌 유가증권 분야에 투자되었다. 일부는 (상업용이긴 하지만) 부동산 분야에도 투입되었다. 서민들의 내 집 마련을 돕기 위해 조성된 기금이 수익을 내기 위해서 부동산 가격 상승에 기댄다면, '아랫돌 빼서 윗돌을 괴는' 모습이 아닐까. 그렇게 아니라 '장기 저리 공급자금융'에 투입되는 것이 주택도시기금 본연의 취지에 부합하는 길일 것이다.

이 책에서 누누이 이야기하지만, 집은 원래 매우 비싼 물건이고, 주택 가격 안정을 꾀하면서 이런 비싼 물건에 수요자가 접근하기 위해서는 주택을 (할부로) 구매할 수 있어야 한다.

한쪽에서 군사작전과 같은 택지개발을 해서 버는 돈으로 임대주택부문에서 생기는 적자를 메꾼다는 공기업의 교차보조 방식은 더 이상 통하지 않는 시점이 왔다. 3기 신도시 이후에는 대규모 택지개발을 할 땅도, 이를 채워줄 인구도 거의 없을 것이다. 집값에 육박하는 전세보증금을 통해 초기 공급 비용을 조달하고, 뒤의 세입자에게 올려 받는 전세금으로 앞 세입자의 보증금을 빼주는 민간 부문의 전세 중심 재무구조도 그 한계가 여실히 드러났다.

　　규제를 완화해서 경기를 부양하는 것은 불난 집에 부채질하고 불평등을 심화하는 것으로 이어지기 십상이다. 규제를 강화하는 것만으로도 문제는 해결되지 않는다. 세금으로 투기세력을 잡고 불로소득을 막아냈다고 해서, 주거복지와 기후 위기 대응, 고령사회에서의 공동의 노후를 위한 대책이 저절로 나오는 것은 아니다. 전통적인 과제였던 주거복지 이외에도 새롭게 부상하는 과제들을 해결하기 위해서, 사회주택이 앞장서서 제시하고 있는 장기 저리 공급자금융으로 우리의 주택금융 구조를 바꿔야 한다.

　　탄탄주택협동조합은 최근 주택협동조합 방식으로 전세 사기 피해를 치유하기 위해 경기도 동탄에 만들어졌다. 협동조합이 전세 피해자들의 주택을 인수하고, '장기 저리 금융'을 확보해서 이를 바탕으로 사업 구조를 반전세로 전환하는 것이 탄탄주택협동조합이 진행하는 회복 프로젝트의 핵심 내용이다.

예컨대 시세 1억 원짜리 주택이 1억 1천만 원짜리 깡통 전세였다면, 탄탄주택협동조합이 인수한 주택에서는 전세금 총액 9천만 원짜리로 신규 계약을 맺는다. 세입자가 당장 2천만 원을 손해 보는 셈이더라도 이렇게 진행하는 이유는, 전세보증금 사기 피해를 막기 위해 바뀐 제도에 따라 이제는 시세의 90% 이하 수준으로 전세 계약을 맺어야 보증보험 가입이 가능하기 때문이다(과거엔 시세의 100% 수준으로 전세금을 책정해도 보험 가입이 가능했으나, 전세 보증금 피해 사태가 커지자 규제가 강화되었다). 이 보증금 9천만 원은 주택임대차보호법에 따라 퇴거 시 받을 수 있는 돈이다. 한편 1억 원짜리 주택은 협동조합의 자산이다. 조합원은 1억 원짜리 집을 넘긴 셈이므로, 돌려받을 보증금과의 차이인 1천만 원은 세입자이자 조합원이 조합에 출자금으로 납부한 것으로 처리한다. 그럼 전세보증금 사기 피해액 2천만 원 중에서 1천만 원은 지분으로 확보하게 되는 셈이다.

다음으로 장기 저리 금융을 확보하여, 전세 보증금을 5천만 원 감액해주고, 임대차계약을 '4천만 원에 월 25만 원'으로 전환한다. 이제 매달 25만 원씩 생기는 월세 수익으로 세금도 내고 주택의 유지보수비도 충당하는 '지속 가능한 임대 사업'을 하면서, 이익을 적립하여 조합의 자산을 늘려가는 것이다. 주택 가격이 오르지 않아도 언젠가 이 수익이 충분히 쌓이면 협동조합기본법에 따라 배당하거나, 조합원의 조합 탈퇴 시 환급해줄 수 있다는 구상이다. 계산해보면, 애초 전세 계약 금액에 해당하는 금액을 모두 회복하기 위해서는 대략 13년이 걸린다.

이렇게 조합원 1인당 5천만 원을 2% 정도의 이자율로 빌릴 수 있으면, 월세 수익으로 각종 비용을 치르고 수익도 적립이 가능하다. 이 돈은 일방적으로 후원을 받는 것이 아니라 대출금으로서 추후 상환해야 하는, '장기 저리 공급자금융'에 해당한다. 그간 세금과 유지비를 감당할 현금흐름도 발생하지 않고 오로지 시세차익이 발생해야만 작동 가능했던 전세 제도에 어떤 문제가 있는지, 이를 해결하기 위해 가장 필요한 것이 무엇인지를 탄탄주택협동조합은 웅변적으로 보여주고 있다.

다만 협동조합은 법적으로 한 조합원의 출자지분이 전체의 30%를 넘을 수 없다. 또한 1주 1표가 아니라 1인 1표의 원리로 의사결정을 하다 보니, 대규모 출자자가 들어오기 어려운 구조다. 동탄의 경우 '선순위 채권'이 없는 전세 피해 사례들이어서 탄탄주택협동조합과 같은 협동조합 모델이 적용 가능했을 텐데, 다른 지역에서는 협동조합이 아닌 리츠와 같은 주식회사 방식으로 접근해야 할지도 모른다. 근저당권자가 은행일 경우에는 대승적 차원에서 은행이 이 리츠에 출자자로 참여하여, 주택의 안정적 운영을 우선시하는 방법도 검토할 수 있을 것이다.

그러나 더 어려운 조건의 피해 사례에서는 이런 시도를 할 엄두조차 내기 힘들 수도 있다. 그나마 형편이 나은 동탄에서 이 모델이 성공하면, 다른 지역에서도 용기를 내 이를 보완 및 발전시켜 적용해 볼 수 있을 것이다.

　탄탄주택협동조합이 공급하는 주택은 전세 피해 치유를 목적으로 하고(사회적가치 추구), 협동조합(사회적 경제주체)이 공급하는 주택이니 원론적인 차원에서 형식적으로나 내용적으로 사회주택에 해당한다. 그리고 사람들이 사회적경제 방식으로 힘을 합치면 전세 피해라는 '사회적 재난'을 극복할 수 있다는 것도 보여주고 있다. 또한 장기 저리 공급자금융이 왜 중요한지, 그동안 우리에게 '집 걱정'의 원인이 무엇이었는지, 이를 어떻게 해결할 수 있는 지를 보여준다. 앞으로 이 모델이 다른 방식으로도 더욱 확산되어 '지속 가능한 임대주택'의 재고를 늘리는데 기여할 수 있기를, 성공을 응원해 보자.

5
사회주택과 공공주택으로
풍성해지는 주택 생태계

사회주택의 장점과 사회주택이 미치는 좋은 영향들을 앞에서 살펴보았지만, 그런 장점들을 공기업이나 민간의 대기업이라고 해서 실현하지 못하라는 법은 없을 것이다. 소비자 입장에서는 누가 집을 지었든, 좋은 집을 합리적인 가격에 잘 짓고 관리도 잘해준다면 그것으로도 충분할 것이다. 막 등장한 중소 규모 사회적 경제주체보다 역사와 자본력을 자랑하는 공기업이나 대기업이 주택을 공급하는 게 더 믿음이 갈 수도 있다.

그러나 사회주택이 필요한 당위성과 공급 생태계가 다변화될 때 생기는 긍정적인 효과는 분명 존재한다. 공공주택의 발전을 위해서라도 사회주택의 존재는 좋은 자극이 된다. 사회주택과 공공주택은 서로를 통해 더 나은 방향으로 발전해갈 수 있는 관계다.

사회주택과 공공주택의 관계 설정

2장에서도 살펴보았듯, 유럽은 사회부문의 전통이 오래되었다. 그 영향인지 사회주택이 공공부문을 포함한 더 넓은 개념으로 쓰이고 있다. 한편 한국은 사회부문의 역사가 짧고 사회주택의 자체 자산보다 공공이 소유한 토지나 건물에 의존하는 비중이 크다. 굳이 따지자면 한국은 유럽과 반대로 사회부문이 공공부문에 포함되는 하위 개념에 가깝다고 볼 수 있다. 그렇다고 해서 옳고 그름을 가를 문제는 아니다. 유럽과 한국의 역사는 서로 다르게 전개되었고 무엇보다 현재 중요한 것은 두 부문이 서로에게 어떤 도움될 수 있는지다.

앞서 주택 운영을 책임질 사회적 경제주체가 사업의 기획 단계에서부터 참여하는 모델의 장점을 살펴보았다. 운영 취지에 맞게 공간을 구현했고 공실은 없다시피 하고, 입주자들의 만족도도 높아졌다. 결과적으로 공공 재정도 효율적으로 집행되었다. 단점이라면 입주자가 내야 할 임대료가 시세의 50~80%로, 대개 시세의 30~50% 선인 일반 공공주택보다 더 비싸진 것이다.

그러나 공기업이 혼자 공급할 때와 비교해 사회적 경제주체가 끼어들어 중간에서 수수료를 받아 비싸진 것을 문제라 하는 것은 좁은 시야로 바라본 단편적인 해석이다. LH가 다세대주택을 매입해서 시세의 30%로 공급할 수 있었던 배경은 택지개발 등으로 얻는 수익이 있어서다. 사회주택 사업자도 택지개발의 수익을 나눠가지면 임대료를 얼마든지 더 낮출 수 있을 것이다. 그러나 이런 교차보조가 바람직한지는 별도로 논의하더라도 더 이상 지속 가능하지 않을 것이다. 그보다는 장기 저리 공급자금융을 주택부문에 도입하는 것이 중요하다. 이를 사회주택과 공공주택 어느 쪽이든 활용할 수 있게 하며, 제공하는 서비스로 서로 경쟁하거나 또는 역할을 나눠 맡아 협력하면 된다.

사회적 경제주체가 가지는 강점은 거대 공기업인 LH가 단독으로 추진하기 어려운 저층 주거지의 중소 규모 주택 개발사업을 유연한 자세로 추진할 수 있다는 점이다. 3장에서 살펴보았듯 이런 다양한 조직들은 지역의 사정을 잘 알고 지역 주민과의 접촉면이 넓다. 또한 주거 외에도 다방면의 서비스 제공에 관심을 가지고 있기에 다채로운 사업 기획과 운영이 가능하다. 공기업은 여기에 다양한 지원과 함께 관리감독을 통해 결과의 품질을 챙기는 역할을 하면 된다.

이런 모델의 의의는 영리부문에서 거대 민간기업이 이른바 사내 기업Intrapreneur을 육성하고 적절히 활용하는 이유와 통한다. 『사회적 사내 기업: 기업의 변화 개척자들을 위한 현장 안내서』라는 책자[9]에서는 거대 다국적기업Multi National Corporation과 사회적기업가의 역할을 거대 본선과 파일럿(예인선 또는 척후선)으로 비유해서 설명한다.

불경기라는 썰물과 혁신이라는 해풍이 교차하는 가운데 미래의 기회의 땅으로 나아가기 위해서 본선을 미지의 해안가에 곧장 투입하는 것은 매우 위험하다. 하지만 소규모 파일럿은 기동력 있는 빠른 의사결정과 리스크의 소규모화가 가능한 덕분에 미지의 분야에서 미래의 시장가치를 찾아내기 용이하다. 한편 본선은 이런 소규모 파일럿을 지원하거나 간혹 좌초되는 이들이 있을 때 구출할 수 있는 자원을 구비하고 있다. 몇몇 소규모 파일럿의 원정이 실패하더라도 거기에 투입된 비용은 본선이 충분히 감당할 수 있고, 그중 몇개만 성공해도 큰 수익을 낼 수 있다.

이는 민간기업과 그 내부의 소규모 사내 창업에 대한 이야기이다. 하지만 공공성이 필요한 분야라면 공기업이 본선, 사회적 경제주체가 파일럿의 역할을 하는 것으로 이해할 때도 좋은 시사점을 주는 비유다.

회복탄력성과 공급 생태계 다변화

최근 회복탄력성이라는 개념이 주목받고 있다. 심리학에서는 역경과 시련을 극복하고 다시 일어서는 능력을 의미한다. 도시계획에서도 다양한 자연재해, 사회재난에 직면하여 피해를 최소화하고 복구할 수 있는 회복탄력성이 높은 도시를 추구하고 있다. 이 개념은 주택정책에도 큰 시사점을 준다.

우리는 최근 금리인하와 인상에 따른 급격한 부동산 경기변동을 겪었다. 방역 위기나 미국의 인플레이션 대응처럼 우리가 통제하기 힘든 외생변수들은 앞으로도 모습을 달리하며 반복될 것이다. 이러한 외부 충격에 효과적으로 대응하기 위해서는 주택정책에서도 회복탄력성을 높이는 방향을 고민해야 한다.

앞서 유럽 사회에서 얻은 교훈을 다시 생각해보자. 1주 1표제가 아니라 1인 1표제로 운영되는 협동조합의 운영 원리는 내부 민주주의에 효과적이지만 투자를 유치하거나 신속한 의사결정을 내리는 데 어려움이 있을 수 있다. 또한 공동체 내부의 소속감이 강한 풀뿌리 조직이 가진 장점에서 동전의 양면으로, 조합 외부에 대한 배타성이 문제가 될 수 있다.

네덜란드는 1901년 주택법 제정 당시 협동조합형 보다는 임대 사업형 기업 중심 모델을 채택했다. 조합에 가입하지 않아도 세입자로 입주하여 정책의 혜택을 받을 수 있는 것에 공공 재정 투입의 정당성을 찾았기 때문이다. 그런데 2000년대 이후 공급 조직들이 거대화되며 여러 부작용이 발생하자, 입주자들의 활동을 의무적으로 지원하도록 했다. 또한 이들이 원할 시 토지 임대부 방식으로 건물 소유권을 입주자 협동조합에게 넘길 수 있도록 개혁 조치를 도입했다. 임대 사업형에서 당사자협동조합형으로 무게중심이 조금 이동한 셈이다.

그런 네덜란드도 최근 20년 만에 주택 가격 급등을 직면했다. 전문가들은 이 사태를 영국의 유럽연합 탈퇴로 인한 수요 이동과 코로나 대응을 위한 경기부양책이라는 외부 충격이 미친 영향과, 수요에 발 빠르게 대응하지 못한 교외 지역의 공급 부족이 복합된 결과로 해석하고 있다.

한국이 유럽식 복지국가 모델이나 싱가포르와 같은 도시국가의 공기업 중심 모델 중 하나만을 추종할 필요는 없고, 해서도 안 된다. 그러나 예측할 수 없는 사회 변화에 따른 다양한 수요에 대응하기 위해 여러 선택지를 제공하는 공급 생태계를 갖출 필요는 있다. 고시원을 리모델링하여 셰어하우스로 공급하는 기획이나 입주자 전용 앱을 통한 물품 공유, 인근 주민과 함께하는 공유 차량 서비스 같은 아이디어는 공기업 독점체제에서 나오기 쉽지 않다. 입주민들의 지역사회 봉사나 커뮤니티 공간 나눔 역시 마찬가지다.

앞으로 우리가 어떤 전염병이나 국제 정세 변화에 직면하게 될지, AI의 발전으로 노동의 성격이 변화하고 1인가구가 40% 가까이 되는 초초고령사회에 진입할 때 우리가 예측하지 못한 어떤 변수가 '집 걱정'을 더하거나 덜하도록 만들지 알 수 없다. 그러니 이제는 어떤 외국 모델을 베끼기 위해서가 아니라, 미래에 대비하기 위해서 우리의 공급 생태계를 다변화해야한다.

공공주택의 유형 통합, LH 개혁과 사회주택

공공주택의 브랜드가 너무 많아 이들을 통합해야 한다는 의견이 있다. 우리에게 브랜드에 따라 달라지는 임대료 체계와 입주 자격 등은 다소 복잡하게 느껴진다. 자세히 살펴보면 공공주택 체계가 수십 가지 유형으로 나누어진데다, 자신이 어떤 유형으로 입주 신청 자격이 되는지 알기가 어렵다. 주거복지센터의 상담 직원들도 두꺼운 매뉴얼을 옆에 끼고 살아야 할 정도다.

이렇게 유형이 다르다 보니 통합 대기자 명부를 만드는 게 어려워서 공실이 생길 때마다 매번 새로 신청해야 하는 일이 생긴다. 정부와 정치인마다 기존 유형의 취약점을 보완하기 위해 땜질하듯 그때그때 유형을 추가하고 각자의 브랜드를 입혀 차별화하려다 보니 벌어진 일이다.

해외의 경우 사회주택과 공공주택 모두 유형이 통합되어 있다. 브랜드가 다수인 한국의 경우가 오히려 매우 특이한 편이다. 유형을 통합하면 이를 정비하여 대기자 명부를 작성할 수 있다. 언제쯤 입주가 가능할지 입주민이 예측할 수 있도록 하는 것도 주거 안정의 중요한 요소이다.

공공주택의 유형 통합은 문재인 정부의 국정 과제이기도 했는데, 진도가 크게 나가지 못하고 새로 짓는 단지에서 시범 사업 형식으로 추진되는 선에서 그쳤다. 그러나 복잡한 임대료 체계 유형을 통합하는 것은 입주자와 공급자 모두의 입장에서 수직적·수평적 형평성을 제고하는 데 큰 의미가 있다. 여기서 수직적·수평적의 형평성은 각각 다른 것을 다르게 대우하는 것, 같은 것을 같게 대우하는 것을 의미한다. 예를 들어, 소득수준이 다른 입주자가 같은 브랜드의 공공주택에 들어가 임대료를 똑같이 낸다면 이는 수직적 형평성에 위배되는 경우다. 반면 소득수준이 동일한데 운 좋게 더 저렴한 주택에 입주한다면 수평적 형평성에 어긋난다.

주거비 부담 정도를 비슷하게 하기 위해 소득에 따라 임대료를 차등화하자는 주장도 있다. 이를 '소득 연동형' 임대료라 할 수 있다. 그러나 같은 품질의 주택이면 같은 임대료를 받고, 소득수준에 따라서 필요하다면 주거 보조비를 지급하는 방식이 더 바람직하겠다. 즉, 임대료가 아니라 (주거 보조비 수령 이후) 실제 지출하는 주거비를 소득에 맞추는 것을 목표로 하자는 것이다. 이렇게 해야 공공주택 입주민 외의 국민들에게도 정책의 혜택이 미칠 수 있다.

앞서 2장에서도 언급했지만 임대료는 주택의 품질에 맞춰 책정하는 것이 합리적이다. '품질 연동형' 임대료 체계를 적용하여 '같은 집에는 같은 임대료'를 내도록 하면 사회적 낙인을 방지하기에도 좋다. 또한 협동조합이나 사회적기업 등 다양한 공급 주체가 활동하는 공급 생태계를 위해서 꼭 필요한 일이다.

예를 들어, LH의 영구임대주택에는 소득이 낮은 사람이 입주하고 SH나 GH의 행복주택이나 사회주택에는 더 나은 형편의 사람들이 입주하는 식이라면, 공공이나 사회부문 내에서도 차별과 배제가 일어날 것이다.

물론 공공주택의 유형이 통합되어 임대료가 상승하면, 현재 더 적은 임대료를 내며 사는 사람들에겐 부담이 되는 것이 아니냐는 지적을 할 수 있다. 이들에게 주거 보조비를 지급하면 된다 한들, 그 재원은 어디서 마련할 것이냐는 문제도 있다.

그런데 현재 임대부문에서 발생하는 LH의 적자가 1.7조 원이라고 한다. 적자가 나지 않는 수준에서 통합 임대료를 책정하되 그게 부담이 되는 계층을 위해서 국가가 주거 보조비를 지급하려면 1.7조 원쯤이면 된다는 이야기다. 현재 주거급여 지원액 규모는 2조 원 정도다. 그런데 주택 문제로 국민들이 고통을 겪는 상황에서, 2024년 정부 예산이 656조 원이 넘는 대한민국이 주거 보조비를 지금보다 2~3배 정도 늘릴 순 없을까? 그렇게 된다면 LH가 적자 때문에 택지개발에서 수익을 내야 한다고 하소연하지 않아도 되고, 결과적으로 공공분양주택의 분양가도 더 낮출 수 있을 텐데 말이다. 1970~1980년대에는 정부가 돈이 없고 택지개발 할 땅이 많았으며 경제는 고도성장을 할 때라서 공기업에게 알아서 하도록 맡길 수 있었다 하더라도, 언제까지 그 모델을 계속 끌고 가야 할까?

공공주택 유형이 통합되고 임대료 체계가 정비되면 사회주택도 같은 임대료 체계를 따르고, 이를 위한 비용을 투명하게 분석하여 합당한 지원을 하면 된다. 심지어 민간의 영리 사업자나 개인 다주택자라 해도 통합된 공공주택의 임대료 체계를 따른다면 공기업과 똑같은 세제 혜택이나 금융지원을 하지 못할 법도 없다. 물론 대출 보증이냐, 지속성 지급이냐의 성격은 다르지만 건설사의 PF 부실을 막기 위해 25조 원을 들이는 정성을 이쪽에도 아주 조금만 나눠주면 얼마나 좋을까.

　이런 공공주택을 공급하려는 주체에게 장기 저리 공급자금융이 제공된다면, 주거체제Housing Regime론에서 말하는 단일 모델 체제에 가까워진다. 학자 케메니Kemeny가 임대 시장의 성격에 관해 제시한 개념인 단일 모델의 대표적인 나라들은 사회주택이 많은 나라들이다. 이들은 공공과 민간 사이에 격차나 구분이 크지 않고 자가 소유에 대한 압박도 덜하여 사람들의 필요나 선호에 따라 자유롭게 공공주택과 민간주택, 임대주택과 분양주택 사이를 넘나드는 것이 가능하다. 이것이 바로 주거 중립성이 구현된 주거 체제다.

　사회주택을 만드는 게 먼저인지, 통합된 임대료 체계와 장기 저리 공급자금융이 먼저인지는 몰라도, 둘 사이에 매우 밀접한 관련이 있는 것은 분명하다. 복지국가들에서는 공통적으로 협동조합이나 사회적기업과 같은 공공도 시장도 아닌 제3의 주체들이 주택 공급의 일익을 담당하고 있다는 건 우연이 아니다.

　어쩌면 사회주택을 통해 우리도 그들이 부럽지 않고 무엇보다 우리의 후손에게 미안하지 않을, 한국식 주거 체제를 만들 수 있지 않을까?[10]

에필로그
: 사회가 만드는 주택, 주택이 만드는 사회

사람이 책을 만들고, 책이 사람을 만든다는 말이 있습니다. 주택과 사회에 적용한다면 다음과 같겠지요.

"사회가 주택을 만들고, 주택이 사회를 만든다."

'사회가 주택을 만든다'는 말은 좋은 집을 만들기 위해서 좋은 사회가 먼저 있어야 한다는 뜻이 되겠습니다. 그러나 그런 의미에 너무 갇혀 있게 되면, '우리는 아직 사회주택을 만들 사회적여건이 안된다'고 좌절하게 될지도 모르겠습니다.

'주택이 사회를 만든다'는 말은 어떨까요? 어떤 주택이 제공하는 주거 환경과 주거 안정 수준에 따라 그 사회의 성격이 바뀔 수도 있다는 뜻일 것 같은데요. 그런 측면도 분명히 있겠지요? 그렇다면 사회적여건이 성숙해질 때까지 기다리기만 할 것이 아니라, 주택을 만들어 가는 과정을 통해 사회를 변화시켜 볼 수도 있을 것입니다.

물가상승률보다 집값이 더 올라야만 작동되는 지금의 금융시스템이 바뀔 기다리는 것이 아니라 사회주택이 촉발하는 변화를 통해 공급자금융과 소비자금융을 아우르는 전반적인 시스템도 바꿀 수 있겠습니다.

우리가 내 집 마련을 원하는 이유는 벽돌과 콘크리트 자체를 소유하고 싶어서가 아니었습니다. 안정적으로 양호한 주거 환경에 거주하면서 노후에 대비할 수 있다는, 자가 소유를 통해 얻는 더 큰 근원적인 가치 때문이었습니다.

그렇다면, 사회주택을 통해서 더 많은 사람이 보다 나은 주거 환경에서 살 수 있게 된다면 어떨까요?

노후 대비에 대한 걱정이나 자녀 독립 시에 전세금이라도 마련해주어야 한다는 부담에서 벗어나고, 아이를 키울 엄두도 낼 수 있으며, 에너지를 생산해서 생활비를 줄이고 기후 위기에도 대응하는 주택에서 살 수 있게 된다면 어떨까요?

그렇게 되면 패닉 바잉이나 영끌도 추억의 용어가 될 수 있겠죠. 언젠가는 1인가구가 될 나 자신이나 사랑하는 사람들이, 외롭거나 힘들거나 아플 때 누가 돌봐줄 수 있을지, 그런 불안한 걱정에서 해방되는 사회를 꿈꿔볼 수도 있겠습니다.

좋은 주택이 좋은 사회를 만든다는 믿음과 각오로 오늘도 열심히 사회주택을 만들고 운영하고 있을 이들, 그 속에서 함께 살아가고 있는 이들, 여기에 관심을 가지고 동참하고자 하는 모두에게 이 책을 전합니다.

주

1장

1 심상정의 2007년 대선공약 중 '지하방 탈출 사다리 정책'이 최초로 주택 분야 정책에서 '사다리'를 언급한 것으로 보인다. 그 후 '주거 사다리'라는 표현이 본격 사용된다.

2 이성, 『돈바위산의 선물』, 생각의 나무, 2010, 29쪽.

3 김진유, 『전세』, 커뮤니케이션북스, 2017, 17쪽.

4 장경석, 「주거복지정책의 비용효과분석: 국민임대주택과 전세자금대출 프로그램을 중심으로」, 서울대학교 대학원 박사학위논문, 2007.

5 한국경제연구원, 「전세보증금을 포함한 가계부채 추정 및 시사점」, 한국경제연구원, 2023.03.06.

6 지분 공유형 주택의 장점에 대한 자세한 설명은 저자의 「리스가 '반값' 자동차가 아니듯 토지임대부 주택은 그냥 '반전세'일 뿐」(프레시안, 2024.01.09.)을 참고하라.

7 전혜진, 「한국리서치 주간리포트(제222-1호), 여론 속의 여론 – 기획: 부동산에 대한 국민의 생각과 정책에 대한 평가」, 한국리서치, 2023.3.22.

8 통계개발원, 「한국의 사회동향 2022」, 통계청, 258쪽.

9 이규희, 「그 많은 집들은 어디로 갔나?」 국정감사 정책리포트, 이규희 의원실, 2018.10.21.

10 프레카리아트(Precariat)는 이탈리아어로 '불안정한'이라는 의미의 프레카리오(Precario)와 무산계급을 뜻하는 프롤레타리아트(Proletariat)의 합성어이다. 저임금·저숙련 노동에 시달리는 불안정 노동 무산계급을 가리키는 말이다.

11 일반적으로 금융에서 '유동화'라 하면 자산이나 채권을 증권화하여 현금흐름으로 바꿔주는 것을 의미한다. 여기서는 수요자가 지불할 미래의 현금흐름을 담보로, 초기에 들어간 주택 공급에 든 비용을 충당하는 상황이기에 '역유동화'라고도 할 수 있겠다.

2장

1 재무적 가치와 함께 사회적가치도 추구하는 조직. 현재 한국의 제도 상으로는 협동조합, 사회적협동조합, 사회적기업, 마을기업, 자활기업 등이 해당된다.

2 Michael Oxley, "Financing Affordable Social Housing in Europe", *Nairobi: UN-Habitat*, 2009.

3 Haffner, Hoekstra, Oxley and van der Heijden, *Bridging the gap between social and market rented housing in six European countries?*, Amsterdam: IOS Pres, 2009.

4 국회사무처, 『법제사법위원회회의록: 제349회 국회. 제5호』, 국회사무처, 31쪽, 2017.

5 리츠(REITs)는 직역하면 '부동산 투자신탁(Real Estate Investment Trusts)'이다. 그러나 국내의 법적으로는 기존 '신탁회사'에서의 '신탁'과 개념과 역할이 조금 다른, 주식회사로서 '부동산 간접투자 회사'를 말한다.

6 주택구제회(住宅救濟會)는 일제강점기 당시 주택난을 해결하고자 하는 이들이 모여 만든 조직으로, 1921년 경성에서 처음 생겼다. 사회사업의 일환으로 돈을 모아 집을 지어 저소득층에게 주택을 공급했으며 이후 평양주택조합, 부산의 주택난구제기성회, 전주의 기근구제회 등이 활동을 했다.

7 승수효과가 7.5배인 경우는 땅값과 건축비가 1:1이라 가정했을 때이고, 서울의 경우는 토지비가 비싸서 실제 승수효과는 5~6배에 그치는 경우가 많다.

8 품질의 문제와 공실의 문제는 각각 기사 등 다수의 언론을 통해 지적되었다. 다음 두 기사를 참고할 수 있다.
이슬기, 「물 차고 썩은 다가구 임대주택…"도저히 못 살겠다"」, KBS, 2019.10.01.
진동영, 「저소득 생활안정… 매입임대주택 10가구 중 8가구 빈집」, 서울경제, 2019. 10.01.

9 한국도시연구소 외 1인, 「사회적 경제주체 활성화를 통한 서울시 청년 주거빈곤 개선 방안」, 『서울특별시의회 연구용역 보고서』, 서울특별시의회 사무처, 2014.

10 여기서는 'Private Rental' 부문을 다소 생소한 '사적 임대'라고 번역하였다. 한국에선 민간임대라는 표현이 더 친숙하지만, 사실 '민간'이라 하면 사회 임대도 포함될 수 있

는 개념이다. 그러나 앞서 2장 1챕터의 '삼원론'의 관점에서 설명했듯, '영리'뿐만 아니라 '비영리'와 같은 사회 임대도 포함하는 개념인 '민간'은 차라리 'Civil'에 대응시키는 것이 마땅할 것이다. 그렇기에 'Private Rental'을 '민간임대'라 옮기지 못하고 불가피하게 '사적 임대'라고 할 수 밖에 없었다. 생소하지만, 그만큼 우리 사회에서는 '사회'나 '비영리'영역의 존재감이 없고 오직 '영리'부문만이 '민간'을 대표해온 셈이다.

11 네덜란드의 주택협회에 대한 자세한 설명은『가난한 사람들을 위한 부동산 개발: 네덜란드의 주택정책과 주택협회』(안드레 아우버한트·헬스게 판 다알렌, 주택발전소 옮김, 한울아카데미, 2012) 및「사회적 경제 조직에 의한 주택공급 방안 연구」(국토연구원)를 참조하길 바란다.

12 사회주택 공급, 주거 보조비, 임대료규제 세 가지 요소가 동시에 작동하여 임대부문에서 수직적·수평적 형평성을 달성하는 원리에 대한 자세한 설명은 이 책의 4장 5챕터와 최경호,「한국 주거체제 전환의 방향과 네덜란드 주거복지 모델이 주는 시사점」(새로운사회를여는 연구원, 2020)을 참고하기 바란다.

3장

1 3열이나 4열로 공간이 구획되는 것. 예컨대 창 쪽에서 볼 때 방-거실-방의 3단 구성이면 3베이라고 칭한다.

2 이지남·김동권,「2022년 서울시 사회주택 입주자 만족도조사 결과보고서」, 서울주택도시공사, 2022.

3 조한진 외 8인,『중증·정신장애인 시설생활인에 대한 실태조사: 2017년도 국가인권위원회 연구용역사업 최종보고서』, 국가인권위원회, 2017.

4 손정목,『서울 도시계획 이야기 4: 서울 격동의 50년과 나의 증언』한울, 2003, 290쪽.

5 Roberts, P. "The evolution, definition and purpose of urban regeneration". *Urban Regeneration A Handbook*, London: Sage Publications, 2000, p.17.

6 입점 업체 대표들의 자세한 이야기와 행사에 대한 설명은 경남도청의 2021년 7월 14일 보도자료「경남도, 6번째 '찾아가는 부울경 메가시티' 설명회 통해 청년지원, 사회적 경제, 도농상생 분야 의견수렴(동남권 전략기획과)」을 참고하길 바란다.

7 이 책에서 소개하지 못한 많은 다른 사회주택들과 기타 공급자들, 입주자들을 위한 정보는 한국사회주택협회 홈페이지를 참고하기 바란다. http://socialhousing.kr

4장

1 수치 출처: 「국토교통부 2050 탄소중립로드맵」 및 정영선·조수현·문선혜, 「신재생
   에너지 보급 시나리오를 통한 건물부문 온실가스 감축 잠재량 분석」, 『한국태양에너지
   학회 논문집』 41호, 한국태양에너지학회, 2021.

2 〈녹색건축물 조성 지원법〉 2조 4항에 따른 제로 에너지 건축물의 정의는 "건축물에 필
   요한 에너지 부하를 최소화하고 신에너지 및 재생에너지를 활용하여 에너지 소요량을
   최소화하는 녹색건축물"이다.

3 레노팩Rénopack에 대한 설명은 벨기에 왈롱 지방정부 홈페이지를 참고하기 바란
   다. https://www.wallonie.be/fr/demarches/beneficier-du-financement-de-
   vos-travaux-de-renovation

4 이정찬 외 7인, 「친환경·에너지 전환도시를 위한 그린 뉴딜 추진 방안 연구」, 국토연
   구원, 2020.

5 World Bank Group, "World Bank Support to Aging Countries", 2019.

6 정구현·장수안, 「2022 고령자 통계」, 통계청, 2022.

7 김남주·조혜경·주은선, 『근로빈곤층을 위한 연기금의 사회투자 방안: 공공임대주택
   을 중심으로』, 한국노총중앙연구원, 2012.

8 '고층화의 한계이익 체감' 때문에 70층 이상 짓는 것은 면적상의 실익이 없다. 대개의
   고급 주상복합건물도 70층 정도로만 짓는 이유다. 이는 고밀화를 통해 수익성을 추구
   하는 방식도 언젠가 한계에 다다른다는 이야기다. 이런 방식은 인구구조와 수도권 집
   중이 한계에 달하면 70층에 이르기 전에도 작동하기 어려워진다. 용적률을 늘린다 해
   도 더 이상 이를 채워줄 수요도 확보하기 힘들기 때문이다. 2023년 이후 많은 정비사
   업조합이 용적률을 올려 사업을 하고 있지만, 공사비를 감당 못 해서 공사가 멈춘 곳도
   많은데, 여기엔 미분양의 우려도 한몫하고 있다.

9 SustainAbility et al. "The Social Intrapreneur: A Field Guide for Corporate
   Changemakers", SustainAbility, 2008.

10 한국 주거 체제의 성격 변화와 향후 과제에 대해서는 필자가 공동 저자로 참여한 다음
   보고서를 참고하기 바란다. 이선화 외 3인, 「국민 주거안정을 위한 주택공급 및 임대
   차시장 중장기전략: 국회미래연구원 22-21호 보고서」, 국회미래연구원, 2022.

당신의 주거권은 안녕하십니까?

어쩌면, 사회주택

ⓒ 최경호, 2024

초판 1쇄 인쇄일   2024년 4월 5일
초판 1쇄 발행일   2024년 4월 17일

지은이   최경호
펴낸이   정은영
편집   전지영 장혜리 최찬미
디자인   박정은
마케팅   최금순 이언영 연병선 윤선애
          이유빈 최문실 최혜린
제작   홍동근

펴낸곳   (주)자음과모음
출판등록 2001년 11월 28일 제2001-000259호
주소   10881 경기도 파주시 회동길 325-20
전화   편집부 (02)324-2347 경영지원부 (02)325-6047
팩스   편집부 (02)324-2348 경영지원부 (02)2648-1311
이메일   munhak@jamobook.com

ISBN 978-89-544-5035-5 (03330)

잘못된 책은 교환해 드립니다.
이 책의 판권은 지은이와 (주)자음과모음에 있습니다.
이 책 내용의 전부 또는 일부를 사용하려면 반드시 양측의 서면 동의를 받아야 합니다.